U0948485

本书获同济大学中央高校基本科研业务费专项基金资助

张怀印 著

非洲宪制的历史与变革研究

FEIZHOU XIANZHI DE LISHI YU BIANGE YANJIU

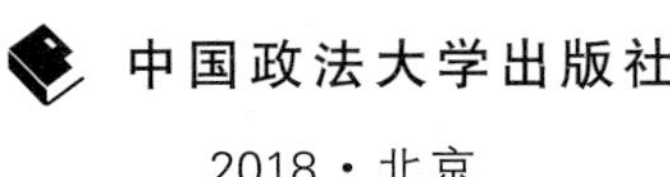

中国政法大学出版社

2018 · 北京

图书在版编目（CIP）数据

非洲宪制的历史与变革研究/张怀印著.—北京:中国政法大学出版社,2018.2
ISBN 978-7-5620-8074-9

Ⅰ.①非… Ⅱ.①张… Ⅲ.①宪法－法制史－研究－非洲 Ⅳ.①D940.1

中国版本图书馆CIP数据核字(2018)第024256号

出版者　中国政法大学出版社
地　址　北京市海淀区西土城路25号
邮寄地址　北京100088信箱8034分箱　邮编100088
网　址　http://www.cuplpress.com（网络实名：中国政法大学出版社）
电　话　010-58908586(编辑部) 58908334(邮购部)
编辑邮箱　zhengfadch@126.com
承　印　固安华明印业有限公司
开　本　880mm×1230mm　1/32
印　张　7.25
字　数　180千字
版　次　2018年5月第1版
印　次　2018年5月第1次印刷
定　价　36.00元

序 言
PREFACE

非洲宪制的研究，在世界法律发展史上占有重要的地位，非常具有研究意义。这种重要性，一方面表现在非洲是世界上最早形成法律的地方。埃及早在公元前3500年前后就出现了立法和司法活动。另一方面，由于欧洲国家的殖民活动，非洲是最早开始移植外国法并将其本土化的地方。从公元前6世纪起，随着波斯、希腊、罗马和阿拉伯等国家的入侵，以及基督教、伊斯兰教等两大宗教的传入，非洲的本土宗教和传统治理体系受到了很大影响，开始与外来的法律与宗教融合。尤其是近代以来，一方面由于英、法、德、美、西、葡等国家的殖民活动，非洲传统治理制度日渐崩溃，西方宪制体系渐渐在非洲生根成长。另一方面，很多领导非洲国家进行民族运动或者参与非洲建国后国家治理的领导人，都是在欧美留学归国的。如尼日利亚第二次世界大战后的民族运动领袖阿齐克韦就曾在美国留学，回国后成了青年运动的组织者和政治运动的领导者。这些非洲政坛精英把从欧美接受的宪制理念和精神用到了非洲宪制变革的实践中，深深影响了非洲宪制的发展历史。

然而，长久以来，我国学术界对非洲宪制的研究并不是非常重视，发表的成果也不多。目前，我国学者对希腊宪制传统，古代罗马宪制传统，中世纪的宪制传统，近现代的英、美、法、德、日等主要国家的宪制都已经展开了研究，并形成了大量成果。但是至今还没有一本比较系统、详尽地研究非洲宪制历史的专著，这是非常令人遗憾的。同济大学法学院张怀印副教授的研究成果弥补了这一遗憾。怀印与我相识于山西大学2004年召开的全国外国法制史年会，当年他在年会上宣读的论文《英美宪制模式对尼日利亚宪制的影响》给与会代表留下了深刻的印象。近年来，张怀印博士一直在非洲宪制领域耕耘不断，也有了很大的收获：主持了关于非洲宪制研究的系列课题，级别从校级、省部级到国家社科基金；在《西亚非洲》《学术界》等杂志发表了十几篇研究非洲宪制的文章，部分文章还被《新华文摘》、中国人民大学复印报刊资料全文转载，在学术界产生了很大的影响，为我国学界加深对非洲宪制的研究做出了积极的贡献。2008年，怀印还曾专程前往英国牛津大学进修访学，在获得了大量宝贵文献的同时，对非洲的宪制传统有了更深层次的感悟。

这部《非洲宪制的历史与变革研究》是怀印主持的国家社科基金的结题成果，也是在其十年来研究成果基础上的一个升华和总结。本书以详尽厚实的历史文献为基础，史论结合、脉络清晰，读后给人以轻松流畅之感，又能让人感到论者的智慧和非洲宪制史的凝重与源远流长。作者从非洲宪制的基本理论问题入手，对非洲宪制的概念、非洲宪制的三次变革展开了广泛探讨；进而对殖民时期非洲宪制的滥觞、非洲国家独立之后的宪制发展与变革，以及20世纪90年代以来非洲国家的宪制变革进行深入论述；对非洲宪制发展进程作出深刻的反思，如影响非洲宪制发展与变革进程的重要因素、非洲国家宪制发展与变革的经验与教训、非洲宪制发展面临的问题与挑战等，并提出了对非洲宪制未来发展的展望。

作为年轻学者的怀印，一直在学术道路上不断探索，富有勇气、创新意识与积极的进取精神，这一点让我非常欣慰。希望怀印能够在学术领域不断开拓，取得更为丰硕的研究成果。

应怀印之邀，欣然作序。

何勤华

于上海·华东政法大学

2017 年 11 月 1 日

目　录
CONTENTS

导 言

一、本书的缘起和重要意义

非洲宪制是非洲法学研究中的重要领域。自2001年考入湘潭大学攻读硕士研究生以来，笔者一直在非洲宪制领域从事研究工作，算来也已经有十余年的经历了。十余年间，非洲宪制从陌生的外域法律制度变成了笔者所熟知的研究阵地。近年来，随着中非经济贸易交流的逐渐密切，非洲法研究日益成为非洲研究中的热点，越来越多的政治学、法学学者开始关注非洲政治体制改革、宪制变革问题，但直到现在尚缺乏对非洲宪制历史变革的系统研究。笔者深感，系统而深入地了解非洲各国宪制的发展与变革问题，对于深化我国的法学研究，促进中非合作交流都有着重要的理论意义和实践意义。

其一，研究非洲宪制的历史与变革可以推动国内非洲法研究的深入。宪制是非洲法研究的一个领域，本书尝试采用历史和比较的研究方法深入探讨非洲宪制发展与变革进程的若干重大问题，对于推动国内非洲法的研究具有重大的理论价值。

其二，研究非洲宪制的历史与变革可以拓宽我国宪制研究的视野和领域。非洲宪制是世界宪制之林中的一个重要组成部分，我国学者对于欧洲、美洲等发达国家的宪制有了比较深入的研究，如美国宪制、英国宪制、欧洲宪制；对于亚洲和拉丁美洲等发展中国家的宪制研究也有了一定成果，如韩大元教授的《亚洲立宪主义》，王蔚的《亚洲国家宪政制度比较》以及袁东振、徐世澄的《拉丁美洲国家政治制度研究》等。目前，我国学者已开始关注非洲宪制的研究，如韩大元教授编著的《外国宪法》一书就包括了肯尼亚和南非两国的内容，但研究成果仍然不多。本书的研究，可以使我们摒弃宪制研究中的“西方中心主义”，充实宪法学研究的内容和方法。因此，研究非洲宪制的历史与变革又有着重要的理论意义。

其三，研究非洲宪制的历史与变革可以加深我们对非洲宪制发展及其现代化的了解，进而为我国国家组织机构的构建与改革提供借鉴。中国与非洲具有同样悠久的历史，且在近代都受到过西方列强的蹂躏与凌侮，宪制的发展也同样受到西方的影响，并且均结合本国国情，形成了各具特色的宪制与宪制文化。在这一方面，中国与非洲的相异之处不少，相同点更多，中非之间密切的交往需要宪制层面的了解，更需要认识制度所依存的宪制文化。非洲国家的宪制在长期的探索过程中既有教训，也有很多成功的经验可资借鉴。非洲宪制的现代化对中国法治的资源取向及法治模式的构建也有现实的借鉴作用。

二、本书的国内外研究现状

非洲宪制是世界宪制中的重要组成部分，国内外政治学、法学、历史学等领域的学者在不同的学科领域内展开了一定的研究，笔者将从国内与国外两个方面对学界的研究动态做一梳理。

（一）国内研究动态

对大多数人来说，非洲是一个遥远而陌生的大陆，非洲法的研究在国内一直没有获得足够的重视与礼遇，而国内专门关注非洲宪制研究的作品则更少。20 世纪 80 年代中期以来，国内仅有三本有关非洲宪制的专著：一是上海社会科学院编译的《各国宪政制度和民商法要览（非洲分册）》(法律出版社 1986 年版)；二是洪永红、夏新华教授等合著的《非洲法导论》；三是何勤华、洪永红教授编著的《非洲法律发达史》。第一本书对非洲部分国家的宪制进行了简要的介绍，直至今日，该书以其资料涉及国别范围较广而仍有一定的参考价值，但内容已经过于陈旧；《非洲法导论》中有专章论述非洲宪制，但该书的介绍也是失之笼统；《非洲法律发达史》中也有对非洲宪制的介绍，但是内容上同样比较简单、陈旧，仅涉及部分国家的宪制。此外，韩大元教授编著的《外国宪法》一书也包括了肯尼亚和南非两国的内容。美国法学家孙斯坦的《设计民主：论宪法的作用》中也阐述了南非宪法对公民经济、社会权利方面的良好保护。

当然，除了法学界以外，非洲学学界的同仁们也有不少对非洲的政治制度变革、民主化以及宗教、军事政变、经济发展等关于政治变革的影响与关系问题展开多视角的研究，成果颇丰。比较典型的有中国社会科学院西亚非洲研究所非洲研究室主任贺文萍研究员的《非洲国家民主化进程研究》[1]。该书运用理论探讨与个案分析相结合的研究方法，既纵向、系统地梳理了非洲民主化自独立以来近半个世纪的发展历程，分析、说明了非洲国家从民主到集权，再由集权到民主的每一次政治体制转型的背景和原因，同时又横向解析了制约非洲民主化进程的经济、政治、军队、文化和外部条件等各个方面的因素。张宏明研究员的《多维视野中的非洲政治发展》一书对影响和制约

---

〔1〕 贺文萍：《非洲国家民主化进程研究》，时事出版社 2005 年版。

非洲国家政治发展的内部条件和外部环境进行了系统的论述。[1]徐济明、谈世中教授的《当代非洲政治变革》对当代非洲各国的政治制度变革问题进行了较为系统的研究。[2]此外，葛佶主编的《简明非洲百科全书（撒哈拉以南）》对非洲政治的发展、变革和影响因素也有较多的论述。[3]

在非洲政治研究领域，还有很多优秀的译著，如美国学者罗特伯格·罗伯特的《热带非洲政治史》[4]、霍华德·威亚尔达主编的《非西方发展模式——地区模式与全球趋势》[5]，英国学者威廉·托多夫的《非洲政府与政治》[6]等著作对非洲政治的发展与影响因素也有系统的研究。上述专著、译著对非洲政治发展与变革中的问题进行了多视角的研究，为本书的写作提供了较好的参考，但是与本书从宪制发展与变革角度的梳理仍有较大的区别。

国内学者对非洲宪制、政党制度、司法制度、人权保护等方面的研究成果也比较丰富。如夏新华的《美国宪制主义与20世纪非洲宪制的发展》和《论埃及混合法庭的历史地位》；杨立华的《"民主南非大会"——南非制宪谈判的起点》《南非走向制宪谈判》《南非制宪谈判的进展与阻碍》《南非制宪谈判的症

---

〔1〕 张宏明：《多维视野中的非洲政治发展》，社会科学文献出版社2007年版。

〔2〕 徐济明、谈世中：《当代非洲政治变革》，经济科学出版社1998年版。

〔3〕 葛佶主编：《简明非洲百科全书（撒哈拉以南）》，中国社会科学出版社2000年版。

〔4〕［美］罗特伯格·罗伯特：《热带非洲政治史》，上海电影译制厂翻译组译，上海人民出版社1977年版。

〔5〕［美］霍华德·威亚尔达主编：《非西方发展理论——地区模式与全球趋势》，董正华、昝涛、郑振清译，北京大学出版社2006年版。

〔6〕［英］威廉·托多夫：《非洲政府与政治》，肖宏宇译，北京大学出版社2007年版。

结》《南非制宪谈判剖析》和《南非制宪谈判取得实质性进展》等文章；夏吉生的《1992 年南非制宪谈判的回顾和展望》《南非种族主义宪法的沿革和南非"新宪法"》和《非洲人权事业的新进展》《新南非司法制度初探》《新南非政党制度的特色和发展》；孟庆顺的《1923 ~ 1952 年埃及的宪制试验》；陈德成的《埃及多党制总统制政体研究》；杨鲁平的《从君主专制到民主共和——埃及政体演变初探》；高晋元的《对肯尼亚一党政治的管见》《非洲的多党制潮流初析》《肯尼亚多党制和三次大选初析》《肯尼亚多党政治能走多远》《加纳向"宪法统治"过渡的特点》《坦桑尼亚、肯尼亚一党制的比较研究》等文章；汤平山的《非洲国家实行多党制和一党制的经验及其改革初探》、陆庭恩的《非洲国家一党制原因剖析》、胡克红的《非洲国家政党权力结构研究》、向非的《黑非洲"多党民主"剖析》、何丽儿的《津巴布韦向一党制缓慢前进》、渊洱的《肯尼亚多党大选摭谈》、艾平的《肯尼亚多党风潮剖析》、林文军的《塞内加尔的多党制刍议》、王泰和焦玉奎的《宪制民主下的埃及大选及其影响》、项非的《一九九〇年黑非洲政党体制变化浅析》、黄金荣的《司法保障经济和社会权利的可能性与限度——南非宪法法院格鲁特布姆案评析》、贺鉴的《阿尔及利亚与南非宪法人权保护之比较》《北非阿拉伯国家的宪法变迁》等文章；张怀印的《非洲宪政发展：内涵、特征及问题》《20 世纪 90 年代以来非洲宪政发展的趋势》《赞比亚宪法发展综述：2008 年》《从 2008 年大选透视加纳党政民主的发展》《尼日利亚宪法述评》《肯尼亚宪政改革述评》等系列文章。上述文章对于非洲的政党制度、司法制度和部分国家的宪制发展的历史背景和内容等方面进行了深入研究，为本书的研究提供了丰富的资料和前期研究成果。

此外，在非洲民主化、部族问题、军事政变、人权保护、大选、宗教发展、经济发展及其对政治变革的影响等诸方面，还有一系列的研究成果，限于篇幅，本书不再一一赘述。

（二）国外研究动态

国外对非洲法的研究起步较早，1917 年英国政府设立了成为非洲学研究中心之一的伦敦大学“东方与非洲研究学院”，它不仅是英国最大的非洲学研究中心，在世界上也首屈一指。其主办的著名刊物之一是《非洲法杂志》（*Journal of African Law*），创办于 1957 年，主要刊登非洲法研究方面的学术论文、国际非洲法协会的新闻和消息，以及关于非洲法著作的评论，是目前世界上研究非洲法方面最权威、最有影响力的刊物。法国对非洲法研究也很重视，早在 1891 年就创办了《帕南文集——非洲各国法杂志》。美国、荷兰、德国和加拿大等国在二战以后亦设立了非洲研究中心。非洲国家在独立以后，也加强了对法律的研究和整理工作。

目前，国外已出版了一些非洲宪制方面的著作，如美国学者阿齐巴（Akiba）所著的《非洲宪制与社会》（*Constitutionalism and Society in Africa*）对当代非洲的宪制与社会进行了全景式的描绘，并指出了目前非洲宪制构建中的问题和前景；尼日利亚学者恩瓦布兹（Nwabueze）所著的《尼日利亚宪制史》（*A Constitutional History of Nigeria*）对尼日利亚从殖民时期到 20 世纪 60 年代的宪制发展历史做出了梳理；塞拉利昂学者琼斯（Jones）所著的《塞拉利昂法律发展与宪法变革》（*Legal Development and Constitutional Change in Sierra Leone*）一书详细描绘了塞拉利昂宪法的发展与变革历程；阿卜杜拉里·阿哈迈德·安－纳伊姆（Abdullali Ahamed An－na'im）的《非洲宪制与伊斯兰教的角色》（*African Constitutionalism and the Role of Islam*）对伊斯兰教在非洲宪制发展历史中的作用与影响进行了深入探讨；萨缪尔

（Samuel O Gyandoh）教授主编的《构建撒哈拉以南非洲的宪制秩序》（*Building Constitutional orders in Sub-saharan Africa*）一书对撒哈拉以南非洲各国的宪制秩序构建问题做出了较多研究；约翰·哈特察德（John Hatchard）的《英联邦国家比较宪制与良治——东部非洲和南部非洲的经验》（*Comparative Connstitutionalism and Good Government in Commonwealth - from East and Southern Africa Prospectives*）从比较宪制的角度对东部非洲和南部非洲国家的宪制建设及其问题进行了剖析。恩瓦布兹（Nwabueze）教授还出版了5卷本的巨著《非洲的宪制民主》（*Constitutional Democracy in Africa*）对非洲各国的宪制民主发展历程、存在的问题及发展前景进行了探讨，是研究非洲宪制发展的一部有力之作。

研究非洲宪制发展与变革的专著和文章还有很多，有的涉及国别的研究，有的则针对某一特定的选题如部族问题、宗教问题、军事政变等对非洲宪制的影响。上述文献对本书的完成具有举足轻重的作用。受篇幅所限，此处不再一一列举。

三、本书的主要研究内容

本书由导言、正文五章和结语组成，体系严谨，结构完整。

非洲是否存在宪制、是否存在统一的非洲宪制？很多人对此都存在疑问。因此，本书第一章首先对非洲宪制的独特内涵进行了探讨，描绘了非洲宪制发展中的三次变革经历，并分析了非洲宪制发展中的多样性和共同性问题。经过对西方学者、国内学者和非洲著名宪法学者提出的诸多宪制概念的比较分析，笔者提出：非洲宪制深受西方宪制的影响，但又有其独特的内涵。经过长期的发展，非洲宪制在承认和保护基本权利和自由、三权分立、司法独立和宪法修改的控制等方面都有自己丰富的含义。

非洲宪制的历史源远流长，早在殖民时期就有了宪法创制的经验，至今已经经历了三次大的变革：一是殖民时期非洲宪制的初创；二是非洲国家独立后的宪制探索和实践；三是 20 世纪 90 年代以来非洲宪制的重大变革。

在长期的宪制发展过程中，非洲宪制呈现出了多样性的特点：首先，英语非洲和法语非洲国家的宪制发展与变革的特点不同。英语非洲国家的宪制发展体现出了三个方面的特点：一是受“间接统治”政策的影响，很多国家在殖民时期就建立了初步的宪制。二是借助于第二次世界大战后的宪制改革运动，英语非洲国家一步步走向独立。三是独立时普遍继承了英国的议会民主制和责任内阁制的宪制体制。法语非洲国家的宪制发展历程也有其独特的地方：一是受到法国“直接统治”政策的影响，非洲传统的治理单位受到一定的破坏。二是二战后法语非洲国家的宪制发展与改革是在法国宪制改革的框架下完成的。三是法国宪制体制对独立后非洲国家的宪制架构和发展影响深远。其次，阿拉伯非洲国家与黑非洲国家宪制发展各有其特点。阿拉伯非洲国家在宪制发展方面的最大特点莫过于其受到伊斯兰教的深刻影响。黑非洲国家的宪制发展同阿拉伯非洲国家相比有其自己的特点，伊斯兰教与基督教及其他宗教的关系问题成了黑非洲国家宪制发展中的一个焦点。

除了多样性的特点外，非洲宪制发展还有其共性：一是非洲宪制经历了曲折的探索历程；二是公民参与宪制改革的积极性日益增强；三是非洲宪制不断前进的发展趋势不容置疑；四是非洲宪制改革肩负经济发展与政治改革的双重任务。

本书第二章首先从非洲传统社会的治理方式与社会秩序入手，对殖民时期非洲宪制的初步创立进行了详细探讨。在宗主国的统治下：一方面，殖民时期非洲部分殖民地已经在代议制政体、法院系统、政党等方面有了一定的构建，初步确立了西方式宪制的基础，拉开了非洲宪制的序幕。另一方面，非洲传统的统治方式和本土组织在不同程度上受到了各国殖民者的摧残。第二次世界大战以后，随着国际形势的变化、非洲经济的发展、民族主义运动的日益高涨和宗主国政策的调整，非洲殖民地的宪制改革和选举日益活跃起来，其中以英国、法国和葡萄牙殖民地的宪制改革最具代表性。肯尼亚、尼日利亚、喀麦隆和加纳等很多非洲国家都是通过宪制变革实现其独立的。这些宪制改革不仅使非洲国家在殖民时期就积累了宪制治国的经验，而且促成了非洲国家的和平独立，成了非洲国家实现独立的重要途径，因而具有重要的历史意义。本章还以埃及为个案，考察了殖民时期埃及宪制发展的历程与特点，并深入分析了影响埃及宪制发展的诸多因素。

本书第三章对非洲国家独立之后的宪制发展与变革进行了探讨。非洲国家经过艰苦卓绝的努力，最终获得梦寐以求的独立。很多非洲国家虽然获得了独立，国家的统治在形式上已经自主，但非洲“殖民主义过去”的一些重要遗产仍然显著地影响着“后殖民主义时刻”。由于非洲国家大多脱胎于西方国家的殖民政府，新独立的非洲国家面临着生存的困难：经济上，可谓满目疮痍、民生凋敝、百废待兴；政治上，面临一个艰难的选择：是仍然维持殖民时期遗留下来的宪制和法律制度，还是探索适合自己的宪制发展之道？非洲各国在独立之初最终还是继承了西方国家的宪制。但非洲国家很快就发现，西式的宪制民主难以适应非洲的需要：一方面，非洲传统的治理方式继续遭到破坏；另一方面，西式的宪制难以发挥其功效。于是，20世纪70年代后，非洲国家开始探索其宪制发展之道，有的国家走上社会主义道路，开展了独特的宪制实践；有些国家则频繁发生军事政变，实行军政权统治。威权主义政体在20世纪70年代后的非洲国家普遍盛行。20世纪80年代后，随着非洲经济形势整体上进入困顿，非洲的社会宪制探索陷入停顿，一党制和军政府等威权主义政体陷入穷途末路。本章还以尼日利亚为个案，考察了尼日利亚独立后的宪制发展历程和特点、英美宪制主义的影响等问题。

本书第四章着重研究20世纪90年代以来非洲国家的宪制变革。自20世纪80年代末开始，第三波民主潮流传到非洲，非洲的国际国内形势有了较大变化：经济危机加深，威权主义政体出现危机，再加上西方国家的干涉，非洲国家普遍开展了以多党民主政治运动为主的宪制改革。这一波宪制改革的浪潮来势汹涌，影响范围甚广。据统计，1990年~2000年间，在撒哈拉以南的48个非洲国家中，有40个实行了宪制改革，其中绝大多数国家的宪制改革出现在1995年之前，只有5个国家（喀麦隆、刚果共和国、冈比亚、尼日利亚和乌干达）是在1995年之后。非洲国家当代宪制改革的模式主要体现为三种：政府主动改革型、市民社会推动改革型、政府推进与市民团体推动改革二者结合型。这次宪制改革的浪潮席卷了非洲大多数国家，至今都在持续进行之中。非洲各国的宪制改革主要体现在政党制度、议会制度、政府组织形式、人权保护和宪法保障机制等方面。本章以肯尼亚的宪制改革经历为个案，对其宪制改革的历史背景、进程、宪制改革进程中的分歧与争议以及存在的障碍等问题进行了深入研究。

本书第五章主要探讨影响非洲宪制发展的几个因素，对非洲国家独立以来的宪制发展进程中的经验和教训进行了深入分析，并对非洲宪制发展中面临的问题和挑战进行了探讨。在长期的宪制发展进程中，经济因素、部族主义因素、宗教因素、军人因素和国际因素对非洲宪制发展进程都产生了重要影响。非洲国家在宪制发展方面有着深刻的经验与教训：要妥善处理部族主义和地区主义问题，维护民族团结；构建非洲特色的宪制文化；探索非洲特色的宪制发展之道。同时，非洲宪制的当代发展也面临着一定的问题和挑战，如面临着宪法的合法性危机和非洲国家宪制发展中的政变问题等问题。

非洲国家独立后的宪制发展历程，尤其是20世纪90年代以来非洲国家宪制的发展表明：非洲大多数国家的宪制与民主经历了一个由不成熟到逐渐成熟的发展历程，这一过程可能存在着一定的反复或倒退。但随着时间的推移，我们坚信，非洲各国都将发展出适合自己国情的宪制，摆脱政局动荡、经济衰退的局面，最终实现政治文明、经济繁荣、生活富足的愿望。

最后，本书在结语部分对非洲宪制发展的前景做出展望，提出非洲宪制发展的前进趋势是不容置疑的，但其多党制宪制之路仍然充满坎坷，非洲国家只有探索具有非洲特色的多样化的民主宪制之道，才能最终解决非洲目前面临的各种问题。

第一章

非洲宪制研究的基本理论问题

第一节　非洲宪制的内涵

随着20世纪90年代以来非洲政治民主化浪潮的扩展，宪制与民主意识在世界范围内已经越来越深入人心。非洲宪制在批判继承传统法律文化的前提下，不断继受和学习西方、苏联以及东欧国家宪制发展的有益经验，形成了独具特色的宪制文化。在亨廷顿所称的第三波民主化浪潮中，非洲宪制的发展独树一帜，显示出了一些与西方古典宪制模式不同的特征。值得探讨的是：非洲宪制有哪些独特的精神内涵？其宪制发展有何独特之处？

宪制一直是国内外学者研究的热点问题，中外学者对其所做的界定不胜枚举。西方传统上采用了控制国家权力的观点。美国宪法史权威麦克尔文认为："在所有相继使用的用法中，立宪主义都有一个根本的性质：它是对政府的法律制约……真正的立宪主义的本质中最固定和持久的东西仍然与其肇端时几乎一模一样，即通过法律限制政府。"[1]20世纪90年代，美国制度派的代言人、印第安纳大学资深教授斯科特·戈登也提出，

[1]［美］斯科特·戈登：《控制国家——从古代雅典到今天的宪政史》，应奇等译，江苏人民出版社2005年版，第5页。

宪制是为控制国家的权力和保护公民的自由而设定的统治形式，比民主的内涵更为广泛，宪制的主导因素在于控制国家。[1]也有学者将宪制与民主联系起来。美国普林斯顿大学教授墨菲认为，寻求民主与宪制的平衡才是宪制的本义。而以哈耶克、布坎南为代表的新自由主义学者则对宪制做出了新的阐释：捍卫个人自由，主张权力分立；纠正对民主理论的误解，重整自由秩序；立法和法律对宪制的重要性。在众多中国学者对宪制的界定中，李龙教授的定义最为简练，即“宪制是以宪法为前提，以民主政治为核心，以法治为基础，以保障人权为目的的政治形态或政治过程”。[2]

非洲大多数国家在20世纪60年代后获得独立，从此走上了自主的宪制发展之路。尽管经历了曲折的探索历程，但目前大多数非洲国家已经确立了宪法，[3]并使之成为国家政治生活的最高权威，而且建立了有限政府和责任政府，努力促进人权的保护。从这一意义上讲，非洲国家的宪制取得了重大的进步。

对大多数非洲国家而言，其宪制深受西方宪制的影响，从形式到内容都是舶来品。但是，非洲宪制又有其独特的内涵。避免西方中心主义的立场与注重考虑非洲的实际情况，对于研究非洲宪制来说十分重要。道格拉斯·格林伯格认为，在非洲，“宪制是对普通政治权力实施的限制，包含着一个寻求平衡国家权力、个人权利和集体权利的动态政治过程”。[4]博茨瓦纳大学

---

〔1〕［美］斯科特·戈登：《控制国家——从古代雅典到今天的宪政史》，应奇等译，江苏人民出版社2005年版，第462页。

〔2〕李龙：《宪法基础理论》，武汉大学出版社1999年版，第144页。

〔3〕据笔者统计，非洲53个独立国家都已颁布宪法，其中毛里塔尼亚、苏丹、索马里和布隆迪等4国实行过渡宪法。

〔4〕Douglas Greenberg et al. (eds.), *Constitutionalism and Democracy: Transitions in the Contemporary World*, New York: Oxford University Press, 1993, Intro. xxi.

法学院教授查尔斯·曼加·福拜德（Charles M. Fombad）进一步指出："当今宪制的概念应该体现为这样一种思想：为了保护公民免遭独裁统治而严格限制政府，但在宪法的限制范围内政府应该能有效地运作。换句话说，宪制把政府行为有限性及其行为对公民负责的概念联系在一起。"〔1〕笔者认为，非洲宪制的内涵主要体现为以下四个方面：

（一）承认和保护基本权利和自由

尽管非洲国家宪法承认和保护的方式及范围各不相同，但公民基本权利和自由的保护已成为非洲所有国家承认和接受的宪制标准。南非采用的是"权利法案"形式，而尼日利亚、安哥拉、肯尼亚等国则在宪法中以"基本权利和自由"的方式做出规定。为了强调基本权利保护的重要性，大多数国家的宪法都规定了执行这些权利的特别程序，当违反基本权利条款侵害他人权利时，权利人可以诉诸法院寻求救济。如《南非宪法》第7条第1款规定，"权利法案是南非民主共和国民主的基石"，〔2〕强调了公民基本权利的重要性。对公民基本权利和自由的承认和保护已经成为多数非洲国家的宪法的基本原则之一。

（二）三权分立

权力分立是现代宪制的基本前提，其源于人们对权力尤其是集权的怀疑和不信任。法国19世纪的思想大师孟德斯鸠很早就提出了分权制衡、三权分立的原则。这一原则最早在美国付诸实践。非洲国家独立以来，美国宪制的三权分立与制衡思想在非洲大陆迅速传播，对非洲国家宪制的发展产生了深远的影

---

〔1〕 Charles M. Fombad, "Challenges to Constitutionalism and Constitutional Rights in Africa and the Enabling Role of Political Parties: Lessons and Perspectives from Southern Africa", 55 Am. J. Comp. L. 7.

〔2〕 Article 7 to the South Africa Constitution, 1996.

响。鉴于非洲国家历史上曾出现过领导人滥用权力而导致给人民带来灾难的情况，当前许多非洲国家政府都试图在宪法中规定权力分立，这是他们展示新的民主信任的主要途径。非洲大多数国家都明确或隐性地承认了三权分立制度。

（三）司法独立

司法独立是三权分立的必然结果，西方各国的宪法都对其给予了充分的保障。学者们对司法独立还没有形成一致的观点。海南大学法学院谭世贵教授从三权分立的角度给出了司法独立的定义："审判权由法院依法独立行使，不受行政机关和立法机关的干涉，法院与行政机关、立法机关鼎足而立；一个法院的审判活动不受另一个法院的干涉，上级法院只能依法定程序变更下级法院的判决；法官依良心独立行使职权，不受各方面包括检察官控诉的影响。"[1] 博茨瓦纳大学福拜德教授则认为："司法独立一个可能的定义是：司法独立是指关于所有法律和宪法的争议都可以在没有任何正当影响和考虑的情况下不受任何威胁、胁迫和报复地自由提交司法机关，由司法机关根据法律公平地、公正地审判。"[2] 从形式上看，非洲国家都已制定了一系列措施来保障司法的独立。

（四）宪法修改的控制

宪法是国家的根本性法律文件，也应该是持久性的法律文件。宪法是法律，但与其他法律相比，它是基于人民意志之上的最高法律。如果宪法可以被少数几个领导者任意且毫不负责任地修改，那么宪法就失去了其作为最高法律的价值，人民的意志也将遭受摧毁。非洲大多数宪法均属柔性宪法，如安哥拉、

〔1〕 谭世贵："论司法独立"，载《政法论坛》1997 年第 1 期。

〔2〕 Charles Fombad, *Some Perspectives on the Prospects for Judicial Independence in Post-1990 African Constitutions*, Pub. L., 233~257 (2007).

莱索托、马达加斯加、马拉维、莫桑比克、赞比亚、津巴布韦等国的宪法。由于只需要议会过半数或 2/3 多数就能修改，因此频繁和任性地修改宪法旨在改变重要的“游戏规则”所受到的限制较小。非洲国家宪法的修改常常引起激烈的争论。尼日利亚总统奥巴桑乔指出，宪法的修改是正常的，“真正面临的挑战是确保宪法的修正过程是依据正当程序进行的。如果遵循了正当程序，我或尼日利亚的任何人都没有责任评价别国的系统”。〔1〕

第二节　非洲宪制的三次变革

非洲宪制的发展有着悠久的历史。早在殖民时期，许多非洲国家就按照宗主国的模式和意志部分确立了近代宪制模式。随着 20 世纪五六十年代非洲国家的纷纷独立，它们开始独立探索宪制发展的道路。20 世纪 90 年代以来，受第三波民主化潮流的影响，非洲国家发生了独立以来最具意义的宪制转型，并相继建立了独具特色的宪制。笔者认为，从非洲宪制发展的历程来看，非洲宪制经历了三个重要的变革时期：殖民时期非洲国家宪制的第一次变革、独立后非洲宪制的探索与变革和 20 世纪 90 年代以来非洲国家的宪制变革。〔2〕

一、殖民时期非洲国家宪制的第一次变革

自 19 世纪下半叶以来，非洲国家就在西方列强的压迫下，开始了宪制建设的历程。1822 年美国人拉尔夫·格利和杰胡

〔1〕［意］阿尔贝托·麦克里尼：《非洲的民主与发展面临的挑战》，李福胜译，中国人民大学出版社 2007 年版，第 55~56 页。

〔2〕 对于独立后非洲国家的宪制发展历程，洪永红教授认为，大致可分为三个时期：模仿时期、变革时期和转型时期。参见洪永红等：《非洲法导论》，湖南人民出版社 2000 年版，第 281~284 页。

迪·阿什曼就为殖民地起草了一部宪法，即《格利宪法》，[1]这成了利比里亚宪法创制活动的开端。埃及的立宪活动开始于1882年谢里夫内阁起草的宪法草案。随后，英军入侵埃及，并于1883年5月1日通过1883年《制度法》，是为埃及近代史上第一部宪法性文件。1923年，埃及宣布独立并颁布其第一部宪法，[2]由此进入了君主立宪制时期。同年，英国驻尼日利亚总督克利福德颁布了一部关于尼日利亚殖民政治体制的宪法，史称“克利福德宪法”。这部宪法承认了选举代议制的原则，是尼日利亚宪法史的开端。[3]在独立之前，非洲许多国家开始了宪法的初创活动，除上述国家外，还有埃塞俄比亚、马拉维、加纳、塞拉利昂、南非、赞比亚和津巴布韦等国家。

值得注意的是，上述宪法创制活动仅仅是拉开了非洲宪制的序幕，一系列非洲国家的宪法创制活动对于积累民主治理的经验、促进经济与社会发展有着重要的意义。首先，埃及、尼日利亚、利比里亚以及南非等国很早就开始了宪法的创制历程，为建国之后独立探索宪制发展道路积累了宝贵的经验。其次，殖民者依据宪法确立的宪制秩序而开展的治理，对于非洲部分国家经济和社会的发展亦有很大的贡献。以加纳为例，英国人在加纳历史上第一次建立了一个持久稳定的基本符合现代标准的政治制度。这一稳定的政治制度为加纳经济的发展奠定了基础。[4]

殖民统治给非洲也带来了很大的冲击。由于殖民者对非洲本土制度支配程度的不同，非洲各地受到了不同程度的影响。

---

〔1〕 李文刚编著：《列国志·利比里亚》，社会科学文献出版社2006年版，第50页。

〔2〕 See The Constitution of Egypt, 1923.

〔3〕 张怀印：“尼日利亚宪法述评”，载《河北法学》2007年第10期。

〔4〕 王从圣：“非洲和拉丁美洲民主宪制的经验（下）”，载 http://wangcong-sheng.bokee.com/4336944.html.

殖民者所到之处，“传统的统治方式和本土的组织受到了各国殖民者的摧残。殖民主义造成的一个最严重的后果是任意划分各个民族，殖民强国划定的边界也不与族群分布的现状相对应”。[1]因此，非洲传统的治理方式遭到了严重破坏，传统治理赖以存在的亲族群体也随之解体。索马里人就是受殖民之害最深的群体之一，他们被欧洲殖民者强行分解成现在的索马里、埃塞俄比亚、吉布提和肯尼亚。

当然，非洲的本土制度也并未完全遭到毁灭性的打击。正如美国学者拉纳·怀利所说：“尽管受到殖民主义的猛烈冲击，非洲的许多传统文化和本土制度还是幸存下来。无数的非洲人领袖通过与欧洲人的谨慎周旋，努力保护了自己的社会，其中包括布基纳法索的莫西（Mossi）王国、乌干达的干达族（Ganda）、卢旺达、加纳和布隆迪的芳提族（Fanti）。”[2]同时，即使是在那些本土制度遭到严重破坏的地区，其政治文化也有所保留。这样，在被动继受欧洲的外来宪制文化和宪制的同时，非洲的本土文化和本土制度也在不断发生变化，成为非洲国家独立后建设和探索宪制的原动力。

第二次世界大战结束以后，非洲民族主义运动日趋高潮，非洲的民族意识逐渐觉醒，非洲人民要求独立的呼声也日趋高涨。在英语非洲国家，宪制改革逐渐成为殖民地国家通过合法方式反抗殖民压迫、赢取独立的重要途径。正如英国学者威廉·托多夫所说：“民族主义的压力，尤其是1948年黄金海岸暴乱之

〔1〕［美］拉纳·怀利：“撒哈拉以南的非洲：西方的影响和本土的现实”，载［美］霍华德·威亚尔达主编：《非西方发展理论——地区模式与全球趋势》，董正华、昝涛、郑振清译，北京大学出版社2006年版，第83页。

〔2〕［美］拉纳·怀利：“撒哈拉以南的非洲：西方的影响和本土的现实”，载［美］霍华德·威亚尔达主编：《非西方发展理论——地区模式与全球趋势》，董正华、昝涛、郑振清译，北京大学出版社2006年版，第84页。

后，加快了整个英属非洲宪制改革的步伐：黄金海岸自身则从1951年的半责任政府过渡为1954年的内部自治政府，并最终于1957年取得独立。”[1]英国的其他非洲殖民地大抵如此。尼日利亚通过制定1946年、1951年和1954年《宪法》迫使殖民者逐渐做出让步，最终在1960年赢得民族独立。[2]塞舌尔、[3]肯尼亚、喀麦隆和冈比亚等很多非洲国家都是通过宪制变革方式实现其独立的，因此在这一时期宪制变革成了非洲国家实现独立的重要途径之一。

二、非洲国家独立之后的宪制探索与变革

二战以后，非洲国家通过宪制改革或者武力斗争等方式逐步赢得了独立。非洲独立浪潮首先兴起于北非。1952年，纳赛尔领导埃及自由军官组织发动政变，推翻了由英国控制的傀儡政权，建立了埃及共和国。光是1960年一年，非洲就有17个国家独立，被称为“非洲独立年”。从此，非洲国家开始了长期而又艰难的宪制探索时期。

非洲国家独立后的宪制探索进程有三个特点：一是独立后不久就发生了由两党制或多党制向一党制或军政权等威权主义政体的转变；二是很多国家从事社会主义宪制实践；三是在20世纪80年代末开始放弃威权主义政体，改行多党民主制。

众所周知，非洲国家虽然在政治上获得了独立，但其宗主国在经济、政治等领域的影响依然存在。非洲著名的政治哲学

---

〔1〕［英］威廉·托多夫：《非洲政府与政治》，肖宏宇译，北京大学出版社2007年版，第59页。

〔2〕夏新华、张怀印：“尼日利亚宪政发展初探”，载《湖南科技大学学报（社会科学版）》2004年第6期。

〔3〕刘金源：“新形势下的无奈选择：英国殖民时期塞舌尔的宪政变革评析”，载《南京大学学报（哲学·人文科学·社会科学）》2002年第5期。

先驱克劳德·阿克教授认为非洲国家的独立性是“空白的和有限的”，而“殖民主义过去”对“后殖民主义现在”的影响却远远没有结束……除地域的扩张之外，非洲国家的基本制度安排——法律和行政治理、法院体系、官僚机构、警察系统、军队和国家的各种技术部门等——并未出现根本性转变。[1]阿克教授的论点指出了非洲各国独立之初在宪制发展方面的一个重要特征：即它们在宪法制定、行政治理结构、法院体系等各种国家制度的安排上大多继受了原宗主国的模式。

不过，时隔不久，到了20世纪70年代初，非洲很多国家开始认识到，西方的宪制模式、经济发展模式等都不可能原封不动地移植到非洲国家。于是，对西方化和西方模式的反抗和抵制在非洲大陆弥漫开来。如同拉纳·怀利教授所说：“一种新的政治的和经济的民族主义情绪在整个大陆弥漫。许多前殖民地国家主张马克思主义、呼吁国际经济新秩序，努力要消解西方主导下的国际经济的负面影响。”[2]于是，打着民族主义旗帜的政权在非洲乘机而起并且备受欢迎。各种各样的马克思主义在非洲的传播也得以扩张，很多国家都把马克思主义作为国家的指导思想。非洲国家开始向一党制或者军政府统治等威权主义政体转变。

20世纪70年代起，社会主义宪制实践的兴起成了非洲国家独立后宪制发展的一个重要特点。随着西方式的宪制模式试验在非洲的失败，很多非洲国家开始探寻适合非洲本土的宪制发展模式，其中一个重要选择就是社会主义宪制模式。据初步统

---

〔1〕［尼日利亚］耶利米·O. 阿罗窝瑟布：“非洲的社会科学与知识生产：克劳德·阿克的贡献”，张怀印编译，载《新华文摘》2011年第8期。

〔2〕［美］拉纳·怀利：“撒哈拉以南的非洲：西方的影响和本土的现实”，载［美］霍华德·威亚尔达主编：《非西方发展理论——地区模式与全球趋势》，董正华、昝涛、郑振清译，北京大学出版社2006年版，第87页。

计，在已取得民族独立的五十多个非洲国家中，有近半数的国家先后公开而明确地宣称奉行社会主义，其中最有影响的是：埃及纳赛尔的阿拉巴社会主义，加纳恩克鲁玛的社会主义，坦桑尼亚尼雷尔的乌贾马社会主义，塞内加尔桑戈尔的民主社会主义和刚果、莫桑比克、埃塞俄比亚等国奉行的科学社会主义等。[1]经过二三十年的曲折发展和实践，非洲社会主义宪制模式在发展民族经济、改变国家的贫穷状况方面取得了一定的成就，但是其集权式的治理模式也对非洲宪制发展造成了一定的问题。这一点在本书第三章第二节中有进一步的分析。

非洲国家独立后宪制发展的第三个特点就是在20世纪80年代末发生了新的转型。进入20世纪80年代，非洲很多国家的经济、政治与社会发展环境变得复杂起来。很多国家的经济发展都陷入困境，需要国外的援助才能维持；一党制试验在非洲国家受到了严峻的挑战；军政府统治深受诟病和谴责；社会主义宪制实践也面临挑战。到了20世纪80年代末，受到席卷全球的第三波民主化浪潮的影响，以多党民主制为主要内容的宪制改革浪潮在非洲扩散开来。

三、20世纪90年代以来非洲国家的宪制变革

随着20世纪90年代以来非洲政治民主化浪潮的扩散，宪制与民主意识已经在非洲各国深入人心，并促进了多党民主制在非洲的传播。经过长期的磨合与探索，大多数非洲国家都实现了由一党制、军政权统治向多党民主制的转变，并发展出了一些具有非洲特色的宪制。而进入21世纪以来，一些非洲国家的宪制发展进程中也出现了一些新趋势，对这些新问题进行深入

---

〔1〕 唐大盾等：《非洲社会主义：历史·理论·实践》，社会科学文献出版社2007年版，前言第1页。

的分析和探讨，将有助于我们更加深刻地了解今后非洲国家宪制发展的趋势。

（一）政治民主化与宪制变革

20世纪90年代以来，随着冷战结束和两极格局的终结，第三次民主化浪潮从苏联和东欧蔓延到非洲，并迅速在非洲掀起了一股前所未有的民主化浪潮。这一民主化浪潮的典型特征就是多党民主制在非洲各国的逐渐推行和纵深发展，而多党民主制的推行往往采取了宪制改革的方式。由于外部因素和内部因素的共同影响，非洲民主化进程于1989年首先在北非阿尔及利亚和西非小国贝宁开始，之后便迅速扩展到整个非洲。

1. 政治民主化与宪制改革的进程

从发展进程看，非洲国家的政治民主化与宪制改革进程大致经历了民主化起始、发展和巩固三个阶段。〔1〕

其一，民主化起始阶段（1989~1990年）。这一阶段的特点是民主化和宪制改革在非洲拉开了序幕，但是否应该实行多党民主制这一问题并没有在非洲达成共识，不少国家展开了全国性的政治大辩论，群策群力探索非洲未来的政治体制走向问题。〔2〕1990年初，很多非洲国家都在坚持原有的一党制，但随着政治改革风暴的到来，不少国家的领导人被迫宣布改行多党制。1990年初，扎伊尔总统蒙博托宣称："在我的一生中，扎伊尔都不会出现多党制。"〔3〕然而，在国内外强大的压力之下，到了1990年4月24日，蒙博托就宣布实行多党制。从1990年初开

---

〔1〕 贺文萍：《非洲国家民主化进程》，时事出版社2005年版，第99~108页。

〔2〕 贝宁等国家经过激烈的大辩论会决定从一党制转向多党民主制，而肯尼亚政府在1990年的大辩论后坚持了一党制。参见高晋元："非洲的多党制潮流初析"，载《西亚非洲》1990年第5期。

〔3〕 Filip Reyntjens, "The Winds of Change, Political and Constitutional Evolution in Francophone Africa", 1990~1991, *Journal of Africa Law*, Vol. 35, 44.

始，民主化浪潮在非洲愈演愈烈，逐渐由北非转移到西非，并首先在贝宁发起。1990 年底，贝宁举行全民公决投票通过了实行多党制和三权分立的新宪法，并于次年举行了总统大选。[1] 贝宁“民主化”的成功很快对科特迪瓦、加蓬和卢旺达等西非国家产生了重要影响。这些国家纷纷效仿贝宁，召开全国民主协商大会，修正宪法，举行多党选举。

其二，民主化发展阶段（1991～1994 年）。这一阶段最显著的特点是很多国家通过宪制改革完成了其民主化进程。同时，民主化浪潮也在部分非洲国家引起了负面影响——政治动乱。这一阶段，非洲民主化的发展迅速。不仅原先准备实行多党制或持观望态度的国家已经完成了向多党制的体制转变，就连坚持一党制的少数几个国家也在内外压力之下纷纷采纳多党制。在 1991 至 1994 年间，大约有三十多个非洲国家进行了多党民主的立法议会或总统大选，其中包括冈比亚（1992 年）、安哥拉（1992 年 9 月）、塞内加尔（1993 年 6 月）、中非（1993 年 9 月）、南非（1994 年 4 月）和纳米比亚（1994 年 12 月）等，而且绝大多数国家进行的是独立以来的首次多党制总统和议会选举。[2] 另一方面，这一阶段非洲民主化浪潮在实现空间扩展的同时，也在约二十多个国家引发了新的严重的政治和社会动乱，甚至爆发了武装冲突、内战或军事政变。如扎伊尔 1990 年实行多党制以后，国内竟先后出现了近 300 个政党，在 4 年多的时间里，蒙博托更换了 9 届政府、7 位总理，还一度出现过 2 个议

---

〔1〕 Benin：“Presidengt Mathieu Kerekou Leaves after 29 years”，载 http://www. irinnews. org/report. asp? ReportID = 52665&SelectRegion = West_ Africa&SelectCountry = BENIN，last visited 12 December，2006.

〔2〕 贺文萍：《非洲国家民主化进程》，时事出版社 2005 年版，第 103 页。

会、2 个政府的局面。[1]

其三，民主化巩固阶段（1995 年以来）。这一阶段的特点是非洲政治民主化和宪制改革从初期的空间扩展转向纵深发展。非洲各国宪制民主制度的构建已经初步完成，绝大多数国家都通过修宪立宪、全民公决、多党总统和议会选举等方式，基本确立并逐步巩固了多党民主制的成果，非洲政局日趋稳定，不少国家迎来了第二次或第三次大选。同时，随着民主化和宪制改革的推进和深入发展，民主政治、文官治理的宪制理念也日益深入人心，并逐渐成为新生政权的合法性基础。

当然，这一时期非洲政局并非一片平静。索马里、利比里亚等国的军阀内战仍在继续，塞拉利昂、布隆迪等国也存在部族冲突和地区矛盾，科摩罗、几内亚、塞拉利昂、尼日尔和布隆迪等国还爆发了军事政变。但除此之外，非洲大部分地区政局已趋于稳定。到 2017 年为止，在非洲国家中，布隆迪、索马里和利比里亚的内战都已得到和解，进入民主政治时期后，其他大多数国家都实行了多党制。

这一时期出现的军人政权向民选政权过渡的情况（如尼日利亚、尼日尔等十余个国家）、军事政变频率的减少以及非洲国家对军事政变的普遍谴责，都间接证明了非洲政治的民主化已经是一股不可逆转的历史潮流。

2. 政治民主化和宪制改革的原因

非洲国家的多党民主制逐渐推行并向纵深发展，有着极其深刻的历史背景和根源。首先，非洲国家内部的民主因素不断增长，人民要求宪制改革的呼声日益高涨。长期的一党专制和频繁的军事政变给非洲国家政治、经济和社会的发展造成了严

---

〔1〕 李智彪：“刚果（金）政治体制的演变”，载《西亚非洲》2004 年第 5 期。

重的伤害，导致非洲大多数国家经济衰退、经济危机日益严重、人民生活水平不断降低，政治上走向独裁、腐败盛行，并引起人民的普遍不满，进而导致政局不稳和社会动荡。20 世纪 80 年代末期开始，受到苏联和东欧民主变革的影响，民主因素在非洲国家内部逐渐生长。在许多非洲国家内部，反对党和国内市民社会、宗教团体要求宪制改革的呼声日益高涨。其次，美国和欧洲等西方援助国的强大压力常常是导致宪制改革的重要原因。由于一党专制和长期的军事政变，非洲大多数国家经济危机严重，财政赤字不断增长，对欧美等西方援助国的依赖与日俱增。而西方援助国则常常以实行多党民主制作为提供经济援助的政治诱饵。

（二）非洲国家宪制模式的转换

1. 非洲国家独立后的宪制模式

20 世纪 50 年代中期到 60 年代中期，撒哈拉以南非洲的民族独立运动进入高潮。据统计，1957～1968 年间，撒哈拉以南非洲共有 34 个殖民地（含保护国及托管地）实现了独立，由殖民地的政治体制先后演变为独立国的政治体制。[1]随着非洲殖民地国家的先后独立，非洲国家第一次建立了不同程度、不同类型的多元分权的政治体制。由于各种原因，从殖民地统治中产生出来的国家，在成立时按照西方模式制定了宪法。[2]在独立初期，非洲国家的人民对于宪制的美好前景普遍持有极大的信心。但不久之后，由于非洲国家在独立时确立的宪制体制极力模仿或照搬了西方的宪制模式，而没有顾及本国的具体情况，

---

〔1〕 葛佶主编：《简明非洲百科全书（撒哈拉以南）》，中国社会科学出版社 2000 年版，第 171 页。

〔2〕［肯］亚什·凯："第三世界国家的国家理论和宪制主义问题"，载宪法比较研究课题组编译：《宪法比较研究》，山东人民出版社 1993 年版。

人们对宪法和宪制的批评开始大量出现。

由于非洲国家在独立之初确立的宪制体制缺乏坚实的政治、经济、社会和文化基础，不能适应非洲国家政治发展的需要，因而十分脆弱而短命。从20世纪60年代中期开始，非洲国家的政治体制逐渐向一党制发展，并在20世纪七八十年代普遍确立了一党制。〔1〕首先，从20世纪五六十年代独立起就实行一党制的几内亚、马里等国家，在20世纪七八十年代都继续实行一党制。其次，从独立时起实行多党制的加纳、尼日利亚、塞拉利昂和肯尼亚等国家多数改行一党制。最后，在20世纪七八十年代新独立的非洲国家中，多数实行了一党制或者在实行短期的多党制后即改行一党制。总之，在20世纪七八十年代，实行一党制成了非洲各国政治体制的最重要特征之一。

在一党制时期，非洲国家政变频发，成了世界上发生军事政变频率最高的大陆。从20世纪60年代到80年代，非洲国家发生过240多次军事政变，其中成功的70次，尼日利亚等11个国家发生过10次以上的军事政变，有20多个国家通过军事政变建立过军政府。导致非洲国家频繁发生军事政变的原因主要有三方面：第一，非洲国家部族众多，以部族主义为特征的各派政治势力之间的斗争加剧，是促成军事政变的一个重要原因；第二，非洲国家地区间的差异所形成的利害冲突，往往也会导致军事政变，如苏丹、乍得、尼日利亚、索马里等国家地区之间经济、政治和社会发展的不平衡常常引起矛盾；第三，统治集团贪污腐化、任人唯亲，服务于本集团的狭隘利益，造成国内收入的两极分化、经济每况愈下，使得各种矛盾不断激化，

〔1〕 John A. Wiseman, “Multi-Partyism in Africa: The Case of Botswana”, *African Affairs*, Vol. 76, 70.

引起群众和军队对政府的强烈不满，最终导致军事政变。[1]

一党制的存在对于维护非洲国家的统一和稳定、促进民族融合、抑制部族冲突以及发展国民经济起到了一定的积极作用，但随着冷战的结束和世界格局的变化，非洲一党制的外部支撑和意识形态支持也随之瓦解。一党制终于不可避免地走向了终结。

2. 政治民主化与宪制模式的转换

如前所述，进入20世纪90年代以后，非洲大陆掀起了以多党民主选举为内容的民主化浪潮。各国纷纷修宪立宪，通过实行多党议会选举或总统选举完成了宪制模式的转变。经过十余年的演化，非洲国家的宪制模式已经从独立之初的盲目继受脱离出来，多数国家在备尝挫折、动荡之苦后，经过摸索、磨合与改造，逐步建立起了一套具有非洲色彩的多党政治制度。[2]

首先，非洲大多数国家都实现了从一党制或军政权向多党民主制的过渡。进入20世纪90年代以来，由于国内外各种因素的共同作用，非洲多数国家重新确立了多党民主制度。以肯尼亚为例，肯尼亚1963年独立之后实行多党制，“肯尼亚非洲民族联盟”(Kenya African National Union,KANU,以下简称“肯盟”)成为执政党。1964年11月，肯尼亚最大的在野党“肯尼亚非洲民主联盟”（Kenya African Democratic Union,KADU,以下简称“民盟”)宣布解散。1966年“肯盟”发生分裂，一部分成员退出另组“肯尼亚人民联盟”(Kenya People's Union，KPU)。1969年9月人民联盟被取缔，其领导人奥金加·奥丁加(Oginga Odin-

〔1〕张浩：“论当代非洲政局的演变及其发展趋势”，载《历史教学》2000年第10期。

〔2〕王莺莺：“对非洲民主化的再思考”，载《国际问题研究》2002年第6期。

ga)被逮捕,政府从此不再允许在执政党外建立新的政党。肯尼亚从此成为事实上的一党制国家。〔1〕1982 年 6 月，肯尼亚议会通过了著名的第 19 条宪法修正案，修改了《宪法》2A 条款，明确规定肯尼亚实行“肯盟”领导下的一党制，禁止成立其他政党。这一极富争议的修正案实现了肯尼亚由事实上的一党制向法律上的一党制的转变。〔2〕1991 年 12 月 10 日，在国际国内社会的强大压力下，肯尼亚国民会议讨论并通过了 1991 年第 2 号宪法修正案，删去了 1982 年《宪法》第 2A 条款关于肯尼亚为一党制国家的条文，允许反对党合法存在。〔3〕肯尼亚从此在法律上完成了从一党制向多党制的转变。

其次，在这一时期政体的选择上，非洲国家大多倾向于总统制。从 20 世纪 90 年代起，塞内加尔、博茨瓦纳和冈比亚等国家维持了它们长期实行的总统制；而大多数国家则实现了从党政合一制、议会制和君主立宪制向总统制的过渡。这种体制在顺应民主化趋势的同时，又比较接近于非洲国家原有的政体形式。刚果（布）总统萨苏在 1997 年武力夺取政权后，通过修宪、建立全国和解论坛等方式，将半总统制改为总统制，任期由 5 年延长为 7 年。2002 年 1 月，刚果（布）再次通过新宪法的全民公决，明确宣布实行总统制。〔4〕到 2010 年为止，非洲 53 个国家中，有 45 个实行了总统制，约占非洲国家总数的 85%；

---

〔1〕 徐济明、谈世中主编：《当代非洲政治变革》，经济科学出版社 1998 年版，第 15 页。

〔2〕 Githu Muigai，“Amendment Lessons from History”，See http://www.kenyaconstitution.org/docs/03d001.htm，last visited 12 December，2006.

〔3〕 David Throup，“Elections and Political Legitimacy in Kenya”，*Africa*，Vol. 63，No. 3，386.

〔4〕 王莺莺：“对非洲民主化的再思考”，载《国际问题研究》2002 年第 6 期。

只有佛得角（温和议会制）、埃塞俄比亚（议会内阁制）、莱索托（君主立宪制）、利比亚、毛里求斯（议会共和制）、摩洛哥（君主立宪制）、尼日尔（半总统制）和多哥（半总统制）8个国家未采用总统制。

第三节　非洲宪制发展的多样性与共同性

一、非洲宪制的多样性

（一）英语非洲和法语非洲国家宪制之特点

众所周知，按照语言种类和前宗主国可分为英语非洲国家、法语非洲国家、葡语非洲国家等。此处我们主要分析英语非洲和法语非洲国家宪制发展的特性。

英语非洲国家（English-speaking Countries）是指非洲讲英语的国家，有20个左右。[1]而根据联合国教科文组织的名单，则仅有15个。[2]本书将以加纳、肯尼亚、利比里亚、马拉维、毛里求斯、尼日利亚、塞拉利昂、南非、斯威士兰、乌干达、赞比亚和津巴布韦这12国为个案，对英语非洲国家宪制的演变及其特性进行一个宏观的考察，以期加深我们对英语非洲国家宪制的了解。

英语非洲国家的宪制发展有着三个方面的特点：一是受"间接统治"政策的影响，很多国家在殖民时期就建立了初步的

---

〔1〕数据来源于世界各国在线网站：http://www.nationsonline.org/oneworld/countries_by_languages.htm. 包括博茨瓦纳、［法］喀麦隆、冈比亚、加纳、肯尼亚、莱索托、利比里亚、马拉维、毛里求斯、纳米比亚、尼日利亚、［法］卢旺达、圣赫勒拿、［法］塞舌尔、塞拉利昂、南非、斯威士兰、乌干达、赞比亚和津巴布韦。

〔2〕博茨瓦纳、冈比亚、加纳、肯尼亚、莱索托、马拉维、［葡］莫桑比克、塞拉利昂、索马里、苏丹、斯威士兰、坦桑尼亚、乌干达、赞比亚和津巴布韦。

宪制，如法院系统、行政机构、立法机关等。在英语非洲，很多国家在独立之前就有制定宪法的经验，如加纳、利比里亚、马拉维、尼日利亚、塞拉利昂、南非、赞比亚和津巴布韦等。一方面，这些宪制的初步构建可以被视为是英国殖民统治的产物；另一方面，这些宪法制定的经验和宪制又为非洲国家独立后宪制的发展与国家治理积累了经验，有一定的积极意义。二是借助于第二次世界大战后的宪制改革运动，英语非洲国家一步步走向独立。二战后非洲国家的宪制改革运动范围很广，既有英语非洲国家，又有法语非洲国家、葡语非洲国家等，但是在这场宪制改革运动中，英语非洲国家基于和平的宪制改革运动，迫使宗主国英国做出让步，最终获得独立的案例较多，也最为成功。三是独立时普遍继承了英国的议会民主制和责任内阁制的宪制体制。然而，时隔不久就证明了宗主国遗留下的宪制安排并不适合非洲国家的发展需要。于是，很多英语国家走向一党制，发生军事政变或者开始社会主义宪制试验。经过二三十年的宪制实践，非洲国家的宪制发展取得了一定的成就，在艰难的探索进程中曲折前行。

法语非洲国家数目较多，大约有 26 个。[1]法语非洲国家的宪制发展历程也有其独特的地方：一是受到法国“直接统治”政策的影响，非洲传统的治理单位受到一定的破坏。在传统统治势力较强的法属殖民地，殖民统治的政策比较灵活，往往接近于英国的“间接治理”模式。而在另一些地区，为了直接统治政策的需要，法国就有目的地摧毁了旧的行政单位。[2]二是

---

〔1〕 数据来源于世界各国在线网站：http://www.nationsonline.org/oneworld/countries_by_languages.htm. 因部分国家的官方语言为英语和法语双语，所以法语非洲国家数目与英语非洲国家有重合。

〔2〕［英］威廉·托多夫：《非洲政府与政治》，肖宏宇译，北京大学出版社 2007 年版，第 30 页。

二战后法语非洲国家的宪制发展与改革是在法国宪制改革的框架下完成的。二战后初期，阿尔及利亚等法属非洲国家就爆发了反对法国殖民统治的游行示威以及武装斗争，但是直到20世纪50年代中期，迫于形势法国政府才对宪制体制进行改革，颁布《海外领地根本法》，并进一步在1958年制定《第五共和国宪法》，允许法属非洲殖民地在法国宪制框架内取得半自治或自治地位，并最终在1960年前通过谈判方式批准了法属非洲国家的独立。因此，法属非洲殖民地的宪制改革运动和独立进程都是在法国本土的宪制改革的大背景下进行的。三是法国宪制体制对独立后非洲国家的宪制架构和发展影响深远。与英语非洲国家相同，法语非洲国家独立时的宪制安排主要继承自原宗主国。然而，同前者相比，后者要幸运一些。对于新独立的国家而言，一个重要的问题是这些新的统治者能否使奠基于殖民状态时的权力结构适应其自身的目的。他们所继承的遗产包括主要的国家机器（主要是中央立法、行政和司法——尤其是在说英语的国家——和基层代表制地方政府的基本建制）。这种适应通常在法语非洲国家（这些国家都仿效的是突出强硬的行政领导权的戴高乐式政制）要比英语非洲国家来得容易。[1]在独立后的宪制探索过程中，部分法语非洲国家在宪制发展方面取得了更高的成就。

（二）阿拉伯非洲国家与黑非洲国家宪制之特点

阿拉伯非洲国家大多集中在北非，有12个。[2]阿拉伯非洲

〔1〕［英］威廉·托多夫：《非洲政府与政治》，肖宏宇译，北京大学出版社2007年版，第85页。

〔2〕数据来源于世界各国在线网站：http://www.nationsonline.org/oneworld/countries_by_languages.htm. 官方语言为阿拉伯语的非洲国家有阿尔及利亚、乍得、科摩罗、吉布提、埃及、厄立特里亚、利比亚、毛里塔尼亚、摩洛哥、索马里、苏丹、突尼斯和西撒哈拉。

国家同时也大多是北非国家，他们还有个共同点就是大多属于法语国家。阿拉伯非洲国家在宪制发展方面的最大特点莫过于其受到伊斯兰教的深刻影响。伊斯兰教早在7世纪时就传入了非洲，一千多年以来一直在非洲政治方面起着潜移默化的作用。进入殖民时期以来，由于基督教的竞争和殖民者态度的转变，伊斯兰教对非洲国家的政治影响并未占据主导地位。然而，自非洲进入殖民时期以来，由于原教旨主义运动的发展，伊斯兰教重新引起人们的关注，并且对一些国家的宪制发展造成了较大的影响。首先，经过千余年的浸染，伊斯兰教教义已经成了阿拉伯非洲国家宪制文化的重要组成部分。一些国家将伊斯兰教定为国教或者将伊斯兰教教义写入宪法。如《埃及1923年宪法》第149条规定："伊斯兰教是埃及的国教。"〔1〕1956年，新政府颁布的《宪法》再次明确这一"伊斯兰教为国教"的宪法思想。1971年《宪法》第2条规定："伊斯兰教法原则是立法的主要渊源之一"，使其成了埃及宪法奉行宗教主义的基础。1980年《宪法（修正案）》则进一步修改为"伊斯兰教法原则是立法的主要渊源"，〔2〕更加突出了伊斯兰教在立法方面的显要地位。同样，《阿尔及利亚1976年宪法》第2条规定："伊斯兰教是国教。"从阿拉伯非洲各国的宪法规定看来，伊斯兰教在这些国家的宪制生活中已经产生了重要的影响。因此，阿拉伯语非洲国家面临的一个共同问题是如何协调伊斯兰教教义同西方的宪制文化之间的关系。其次，阿拉伯语非洲国家的穆斯林团体或政党同政府的关系问题攸关这些国家的宪制发展和社会稳

〔1〕 Norman Bentwich, "The Constitution of Egypt", *Journal of Comparative Legislative and International Law*, 1924 (6), 45.

〔2〕 Clark Benner Lombardi, "Islamic Law as a Source of Constitutional Law in Egypt: The Constitutionalization of the Sharia in a Modern Arab State", *Columbia Journal of Transnational Law*, 1998~1999 (37), 83.

定。如埃及的兄弟会，成立于 1928 年。在法鲁克王朝时期，兄弟会有时会同王室关系密切，有时则成为王室打击的对象。埃及独立以后，兄弟会在埃及同政府的关系时而密切、时而疏远。1952 年，因刺杀纳赛尔兄弟会受到打压转入地下。进入 21 世纪以来，穆斯林政治势力在阿拉伯非洲国家的政治舞台上大有抬头之势。在 2000 年埃及议会选举中，17 名由兄弟会推选的候选人当选为议员的事件曾引起各界关注。[1]自 2010 年 12 月 17 日因一名突尼斯失业青年自焚引发的“突尼斯事件”以来，北非、中东的剧变形势已经举世瞩目。而北非四国伊斯兰政党的表现更是让世人震惊。2012 年 1 月 21 日，埃及人民议会（议会下院）选举结果揭晓。穆斯林兄弟会的自由与正义党独占鳌头，获得 235 席，占议会席位 47.2%，成为下院第一大党。萨拉菲派政党光明党获得 125 席，占议会席位 25.1%，位列第二。[2]此前，突尼斯也举行了国家制宪议会选举，被本·阿里政府禁止了数十年的伊斯兰复兴运动成为第一大党，在议会 217 席中占据 89 个席位。随后，摩洛哥众议院提前大选，伊斯兰政党——正义与发展党——赢得了议会 395 个席位中的 107 席。利比亚也将举行大选，过渡委员会负责人表示，今后要以伊斯兰教为立法基础。种种迹象显示，伊斯兰势力正在阿拉伯国家的动荡中崛起。[3]随着议会大选和总统大选的到来，伊斯兰政党在这些国家的执政成了可能。然而，由于国际国内局势的影响，

---

〔1〕 姜英梅：“埃及穆斯林兄弟会与政府的关系及其影响”，载《西亚非洲》2003 年第 1 期。

〔2〕《北京日报》2012 年 1 月 22 日讯：http://www.people.com.cn/h/2012/0122/c25408-153880454.html.

〔3〕 安惠侯：“伊斯兰势力动荡中崛起”，载《解放日报》2011 年 12 月 5 日。

以及经济发展、社会矛盾尖锐等诸多因素的制约，[1]崛起的伊斯兰政党将受到严峻的执政考验。

黑非洲国家占非洲总人口的70%以上，分布在撒哈拉以南的非洲大陆，因此又称撒哈拉以南非洲国家。黑非洲国家的宪制发展同阿拉伯非洲国家相比有其自己的特点：由于伊斯兰教在这些国家的势力和影响力不如北非国家那么强大，而是同基督教、印度教以及非洲本土宗教形成共存的格局。相对而言，伊斯兰教政治生活中占据的地位并非如同北非国家那么强势。因此，伊斯兰教与基督教及其他宗教的关系问题成了黑非洲国家宪制发展中的一个焦点。比如伊斯兰法庭的设置问题在黑非洲各国一向是很有争议的。1999 年以来，尼日利亚北方 12 州实行的伊斯兰法更是引发了伊斯兰教同基督教之间的宗教矛盾。宗教矛盾在一些国家（如尼日利亚）严重地制约了国家民族建构进程，[2]已经成了制约宪制发展的重要因素。

二、非洲宪制发展之共同性

非洲国家的宪制是伴随着西方殖民主义者的入侵及殖民统治逐步确立起来的。殖民时期的非洲宪制在很大程度上取决于宗主国的宪制模式与制度设计，成为宗主国殖民统治的工具。独立之后，非洲国家纷纷走上独立探索的宪制发展道路，从最初的盲目继受原宗主国的宪制模式，到 20 世纪 70 年代至 80 年代的宪制变革，再到 20 世纪 90 年代以来的宪制转型，非洲各国宪制日趋成熟。在一些国家，宪制问题已经引起了公民的普遍

---

〔1〕 张怀印："埃及剧变一周年 百姓生活变没变"，载《法制日报》2012 年 2 月 16 日。

〔2〕 李文刚："尼日利亚宗教问题对国家民族构建的不利影响"，载《西亚非洲》2007 年第 11 期。

关注和参与。纵观非洲宪制发展的历程,[1]可以发现它们有下列共同特征。

(一)非洲宪制经历了曲折的探索历程

这是许多学者对非洲宪制发展的一个整体评价。众所周知,殖民时期非洲国家宪制的发展大多受制于宗主国,殖民地人民曾为此进行了不懈努力和斗争。由于种种原因,从殖民统治中独立出来的非洲国家按照西方模式制定了宪法,尽管这些宪法最终并未满足新独立国家对宪制的渴求和需要。香港大学公法教授亚什·凯认为:“在非殖民化的初期,人们对用宪法解决新国家的问题持有极大的信心。但是,在其后的阶段中,大量的批判开始出现;几乎没有人,甚至包括那些参与宪法起草的人,相信独立时制定的宪法规定能够持久。”[2]为什么人们很快就改变态度,对独立时期的宪法失去信心了呢?这要从非洲国家的独立进程中寻求解释。喀麦隆学者约翰·姆巴库指出,在大多数非洲殖民地,去殖民化进程和走向独立的准备为以下人员所主导:殖民统治者、欧洲企业家和商人的代表、本国的少数城市精英。[3]这一时期,非洲各国制定的宪法文件也是由以上人员支配的。这种由政治精英支配的、自上而下的立法方式缺少民众的参与和推动,因而本身就缺乏充分的合法性。[4]因此,这种宪法很难引起广大民众的兴趣,宪制在很大程度上沦为各

---

〔1〕 对于独立后非洲国家的宪制发展历程,洪永红教授认为大致可分为三个时期:模仿时期、变革时期和转型时期。参见洪永红、夏新华:《非洲法导论》,湖南人民出版社 2000 年版,第 281~284 页。

〔2〕 [肯] 亚什·凯:“第三世界国家的国家理论和宪制主义问题”,载宪法比较研究课题组编译:《宪法比较研究》,山东人民出版社 1993 年版,第 253 页。

〔3〕 John Mukum Mbaku, “Constitutionalism and Government in Africa”, *West Africa Review*, 2004 (6), 7.

〔4〕 Ulf Sundhaussen, “Democracy and the Middle Classes: Reflections on Political Development”, *The Australian Journal of Politics and History*, 37: (1991), 100~117.

国政治精英争夺政治权力的工具。

20 世纪 70 年代至 80 年代，非洲国家的宪制发生了巨大的变革。这一时期的突出特点是许多国家宣称走“社会主义”道路。这些国家的宪制由于受到社会主义意识形态的影响，因而普遍确立了独具非洲特色的“社会主义”宪制。从形式上看：“这些国家在政体上的一个共同特点是从议会民主制向集权制转变。”〔1〕

20 世纪 90 年代以来，非洲各国受到第三波民主化的影响，宪制与民主制度发生了前所未有的变革。纵观世界宪法史，宪法演进模式大体可以被分为修改模式和解释模式两种。非洲国家大多采用宪法修改的模式完成了宪制改革。据统计，1990～2000 年，在撒哈拉以南的 48 个非洲国家中，有 40 个实行了宪制改革，其中绝大多数国家的宪制改革出现在 1995 年之前，只有 5 个国家（喀麦隆、刚果共和国、冈比亚、尼日利亚和乌干达）是在 1995 年之后。在没有发生宪制改革的 8 个国家中，索马里和利比里亚是由于内战，苏丹是由于军事政变，科摩罗和斯威士兰则是由于坚决抵制，另外 3 个国家的宪制（博茨瓦纳、塞内加尔和毛里求斯）则没有发生明显的变化。〔2〕

（二）公民参与宪制改革的积极性日益增强

公民参与是指普通公民通过各种合法方式参加政治生活，影响政治体系构成、运行方式、运行规则和政策过程的行为，是现代民主政治最主要的特征之一。〔3〕亨廷顿在研究政治发展的过程及其影响政治发展的相关因素时，就把公民参与视为影

〔1〕 洪永红、夏新华：《非洲法导论》，湖南人民出版社 2000 年版，第 283 页。

〔2〕 Stephen N. Ndegwa, “Constitutionalism in Africa's Democratic Transitions”, *Taiwan Journal of Democracy*, 2005, Vol. 1, p. 134.

〔3〕 王浦劬主编：《政治学基础》，北京大学出版社 1995 年版，第 207 页。

响政治发展的重要变量，并把公民参与的程度和规模作为衡量一个社会政治现代化程度的重要尺度。[1]公民参与的程度和规模也是衡量非洲国家宪制发展程度的一个重要标准，世界银行公共管理部门的资深专家斯蒂芬·N. 恩德瓦（Stephen N. Ndegwa）和喀麦隆学者约翰·姆巴库都使用了这一衡量标准。

同非洲国家独立时的宪法制定过程相比，20 世纪 90 年代以来，非洲国家的公民对宪制改革的参与有了明显的增加。约翰·姆巴库指出："在非洲，精英驱动的、非参与性的、自上而下的宪制被视为是过时的、对良政有害的东西。"[2] 这表明非洲国家民众对参与宪制治理的态度发生了很大的转变。在肯尼亚的宪制改革进程中，宗教团体、市民社会团体和党际议会团起到了相当大的推动作用。早在 1994 年，以律师和宗教界人士为主的市民社会团体就发起了宪制改革运动，他们在教堂内举办讨论会，利用戏剧、漫画等形式进行宣传鼓动，并提出"样板宪法建议"。正是他们的活动促使肯尼亚领导人下决心支持建立党际议会团（IPPG），从而把宪制改革进程纳入议会轨道。[3] 在其他非洲国家，民众参与宪制改革的广泛性也得到了不同程度的扩展。

（三）非洲宪制不断前进的发展趋势不容置疑

任何国家的宪制发展进程都不是一帆风顺的。对非洲国家而言，宪制发展尽管面临着诸多的挑战，如部族主义、宗教矛盾、腐败以及军人干政问题等，但总的发展趋势是宪制不断得到巩固和完善。正是对这些问题的逐步解决，非洲宪制的内涵才不

---

〔1〕 吴昕春："公共选择与公民参与集体行动的动力"，载《安徽大学学报（哲学社会科学版）》2002 年第 5 期。

〔2〕 John Mukum Mbaku, "Constitutionalism and Government in Africa", *West Africa Review*, 2004 (6), 18.

〔3〕 高晋元："肯尼亚多党政治能走多远"，载《西亚非洲》2000 年第 1 期。

断得到丰富，宪制的观念才日益深入人心，宪制的基础才得到进一步的巩固。例如，尼日利亚政府通过多次“建州行动”[1]打破了独立初期三大部族鼎立的局面，对削弱部族主义势力，加强国家的统一性与中央政府的权威性具有重要的意义。肯尼亚的宪制改革进程尽管同样受到地区主义、部族主义以及宗教矛盾的困扰，但由于齐贝吉总统和国内民主人士、党际议会团的协调以及市民社会团体的推动，其改革与发展显示出了不可逆转的趋势。[2]

（四）非洲宪制改革肩负经济发展与政治改革的双重任务

自非洲国家独立以来，非洲宪制发展与变革就肩负起了经济发展与政治改革的双重使命。20世纪50年代起，非洲国家纷纷获得独立。然而，新独立的国家在经济发展和行政治理上都面临着空前的危机。殖民时期确立的畸形经济体制使得非洲国家的经济发展举步维艰，原宗主国遗留下的政治体制和非洲国家行政管理能力的缺乏也使得这些国家在宪制发展上困难重重。因此，独立以来，非洲国家的宪制发展一直肩负着经济发展与政治探索的双重任务。

20世纪90年代以来，非洲国家进入了新一轮宪制改革阶段。这一轮宪制改革是在非洲国家经受政治危机和经济危机双重压力下进行的。在20世纪80年代受到西方经济危机的影响，再加上其贸易保护政策、连年的自然灾害和非洲国家领导人的决策失误等因素的影响，非洲国家的经济状况急剧恶化。而在政治上，由于缺乏有效的竞争机制和监督约束机制，长期的一

---

〔1〕独立后，尼日利亚共进行过六次建州行动。1967年，尼政府将全国由4个行政区分割为12个州；1976年又扩建为19个州；1987年扩建为22个州；1991年增至31个州；1996年增至37个州；在1999年《宪法》中，尼日利亚共有36个州和一个首都区。

〔2〕张怀印：“肯尼亚宪制改革述评”，载《西亚非洲》2007年第6期。

党执政和高度的个人集权使政府走向了专制独裁和腐败的深渊。在整个20世纪80年代的非洲，贪污贿赂、专政独裁、官僚政治等成了非洲政治的代名词。经济状况恶化和发展停滞使非洲国家的有识之士和知识分子开始从政治上寻找经济发展困难的原因和解决出路，而当他们看到统治集团的贪污腐化和穷奢极侈后，其不满的情绪更加激化。愤怒的民众把经济的持续衰退与政治腐败、专政独裁联系在一起，纷纷要求进行宪制改革，并参与国家管理。因此，非洲国家在宪制改革初期，其目的就不仅仅在于实现政治民主化，同时还肩负着复苏经济、实现国家现代化的任务。

第二章

殖民时期非洲宪制之滥觞与变革

第一节 非洲传统社会结构与治理方式

一、非洲传统治理方式与社会秩序

非洲素有“人类童年在非洲”之说。[1]早在殖民入侵前，非洲人民就曾创造出多彩多姿的文化，成为世界文明发源地之一。在北部非洲，从古代埃及王国的治理到中世纪阿拉伯帝国的统治时期，再到近代的奥斯曼帝国的兴衰，都曾创造出源远流长的古代文明。在撒哈拉西南非洲，在殖民主义者入侵前便已存在许多国家，有的历史还十分悠久。据非洲史学者研究，殖民主义者入侵之前，黑非洲存在的著名王国有库施王国（约公元前 8 世纪~公元 4 世纪）、阿克苏姆王国（约公元 1 世纪以前~公元 7 世纪）、加纳王国（约公元 3 世纪~10 世纪）、马里王国（13 世纪~15 世纪）、桑海王国（15 世纪~16 世纪）、豪萨城邦（约 16 世纪~19 世纪中叶）、卡内姆-博尔努国家（？~1846 年）、僧祗城邦（？~15 世纪）。[2]当然，大部分地区还没

---

〔1〕 陆庭恩、宁骚、赵淑慧：《非洲的过去和现在》，北京师范大学出版社 1989 年版，第 10 页。

〔2〕 葛佶主编：《简明非洲百科全书（撒哈拉以南）》，中国社会科学出版社 2000 年版，第 64~69 页。

有形成现代社会中强有力的中央集权制国家，也没有建立完善的政权组织。即使在一些已形成国家组织的地区，国家赖以存在的基础仍是部落和部落联盟，民族国家尚未形成，整个大陆的社会发展呈现停滞式结构，研究非洲史的学者称之为“王国-村社-家族”结构。

（一）非洲传统社会结构

1. 世袭血亲团体——家族

恩格斯说过：“劳动越不发达，劳动产品数量就越少，从而社会财富愈受限制，社会制度就越在较大程度上受血族关系支配。”[1]在非洲传统社会，特别是原始血缘时期，血缘观念是各共同体的心理基础和纽带，典型世袭血亲团体有家庭、扩大式家庭和氏族，它们共同构成了非洲最初的社会政治实体。其中，家庭是构成非洲传统社会的基本细胞，与现代意义的家庭相比，其指代范围狭小，成员仅限夫妻和未婚子女。而扩大式家庭是将某一特定个人的全部后裔，是通过“父母-子女”的血缘纽带联系在一起的一群家庭，它是非洲传统社会最基本的政治单位，通常有“父系”和“母系”之分。但无论是哪个系别，其成员都因血缘联结而共同遵守集体行为规则，尊重族长权威，集体劳动，创造共有财富。后来，随着社会进一步发展出现的氏族，则是由真正或神话中远祖的所有后裔组成的共同血缘集团，它们通常有共同名称、共同宗教信仰，并由氏族议事会推举年长者作为长老，依习惯法规和民意调解成员之间或不同氏族的纠纷，形成传统意义上的政治组织。上述三类世袭血亲团体之间无固定界限，相互交织存在于非洲传统社会，并一直延续至今，现在经常提及的俾格米人、布须曼人仍生活在亲族单位里。

---

〔1〕《马克思恩格斯选集》（第4卷），人民出版社1995年版，第2页。

2. 存有血缘关系的地域共同体——村社

奥戈特在分析班图人政治发展时曾说过："起初，讲班图语的人以大家庭为基础组织起来，由各家家长组成最高权力机构，研究如何改善全氏族生活，行使审判权。后来，随着外来移民的增多，氏族组织也得到发展壮大，进而演变为有一定疆界的政治组织，氏族首领就成为地方长官，该地方也就以势力最大家族的名字命名。"〔1〕上述发展过程不仅发生在班图人身上，在整个非洲大陆都具有普适性，在传统社会生产长期处于缓慢发展状态下，氏族集团逐渐放弃家族血缘形式，与邻近世系亲属联合，共同抵御来自自然和来犯之敌的威胁，该氏族集合体就称为"部落"。具体来说，部落在非洲传统社会多以村社形式存在，即在世系血缘关系基础上，以单个大家庭聚居的村庄为单位发展起来的地方自治体，它产生于原始公有制向私有制过渡阶段，并在发展过程中呈现如下特征：成员组成突破血缘关系，呈现血缘与地缘的结合；生产资料归村社所有且个人有权使用；内部有被称为"大树下民主"的原始民主管理体系。〔2〕此类社会共同体自产生以来就具有顽强的生命力，且经过长期历史积淀逐渐发展成一种习惯传统，成为非洲大陆的一大显著特征。西方殖民入侵时，在非洲各地面对的就是大量原生、次生及再生等发展程度不一的村社形态。

3. 地缘基础上的中央集权社会结构——王国

在长期历史发展中，有些部落又结成了新的以地缘为基础

---

〔1〕［塞内加尔］D. T. 尼昂：《非洲通史》（第4卷），《非洲通史》国际科学委员会译，中国对外翻译出版公司1992年版，第418页。

〔2〕坦桑尼亚国父尼雷尔将其形象地描述为："先人围坐在一棵大树下，就共同体（氏族、部落或村庄）的食物展开讨论，这种谈论没有时间限制，需要多久就持续多久，直至各方达成一致意见为止。"Nyerere，*Socialism*，*Democracy and African unity*，Paris African Exist Press，1970，30.

的“部落联盟”实体，形成了权力更加集中的“王国制度”，如加纳王国、马里王国、阿散蒂王国及桑海帝国，其政治结构复杂性远远超过氏族-部落制度，具有更为完善的政权组织机构。其中，国王居于首位，拥有最高权力，支配全社会的财富，并被夸大到拥有控制自然，造福人民的超凡能力；[1]贵族阶层世袭组成等级森严的朝廷辅助国王。此外，非洲传统社会中还有由部落联盟、雏形国家结成的更高形态的部族，如祖鲁部族是由一百多个部落和部落联盟建立的有共同语言、共同自我意识、共同经济生活的政治实体，其权力更为集中、体系更为完善。

（二）非洲传统治理方式

1. 亲属制度

传统“王国-村社-家族”结构，决定着非洲在前殖民时期不可能存在系统法律体系和完善政权组织来治理社会。而纵观该结构，血缘共同体完全是靠亲属关系结合在一起，地域共同体即使不是纯粹意义血亲团体，也因有共同祖先，彼此仍存在一定血缘关系。由此，笔者认为在非洲传统社会，亲属关系既构成基本居住单位，又是基本政治单位。其社会秩序主要靠这种依靠因亲属关系而结合的社会组织才得以产生、维系和运行，并靠亲属制度来维持，具体主要有亲属称谓制和年龄等级制。其中，亲属称谓制包括亲昵规则和回避规则，二者都通过规制人与人之间的关系使血亲团体更富有亲和力；而年龄等级制是以接纳加入秘密盟会仪式为标志形成的，如青年男女在正式融

〔1〕 这就使中央集权下“首领崇拜”现象日益盛行并最终演变为非洲传统社会政治文化的另一特点，其在今塞内加尔谢烈尔人王国、加纳阿散蒂王国中都有典型表现。艾周昌：《非洲黑人文明》，中国社会科学出版社 1999 年版，第 241~243 页。

入社会时举行的割礼等。不同等级的人拥有不同的权利和义务，其中老人因历经沧桑，是经验和智慧的化身而被看作是等级权威，往往在各族体中身居要职，该体系使得人人都有被习惯所确认的特定地位。从属同一等级的人终生亲密无间，从而聚合社会力量，通常被认为是非洲传统社会的牢固纽带，甚至比政治组织更加坚不可破。

2. 原始民主与酋长制度

非洲传统政治文化形成并脱胎于文化传统，因此不可避免地带有传统价值观念的烙印，文化传统中注重集体、追求统一的精神特质，使得传统政治组织具有浓厚的原始民主色彩，这在酋长制度中清晰可见。酋长制度作为非洲传统社会一项重要政治制度，最早可追溯至原始血缘社会中氏族部落成员抵御自然灾害和血族复仇时期。在那时，为顺应社会，亟须权威组织联合行动，氏族首领应运而生，通常由氏族议事会推举族内年长者作为长老，享有氏族权威。在血缘部落演进为地缘部落之后，随着氏族内部和毗邻部落之间的关系日益复杂化，由最高权威协调各种关系成为必须，于是就推举部落中最早氏族的族长为部落酋长，设议事会加以辅佐，该套机构被称为“酋长制”(Chefferie)。同时，经济上的平等又决定了此时期酋长产生主要采推举制这种非洲原始民主制。后来，在盛行了一千余年后，成员间出现了贫富分化，酋长利用职权侵占财产成为最富有的人，进而凭借财力收买他人，打破传统推举制，强制推行世袭酋长制，使权力日益扩大，最终集政权、军权、司法权于一身，形成以他为塔尖的金字塔权力体系，而原先拥有最高决策权的议事会演变为辅佐酋长管理内务的顾问班子。至此，酋长制发展得更为完善，西方殖民入侵时所面对的政权组织形式主要是酋长制度。

3. 王国

在殖民主义者入侵前，非洲林立着许多大大小小的酋长国，它们在具体形态上互有差异，统辖人口多寡不均，社会发展水平也不尽相同；在政治制度上，大多还没有形成完善的政权组织形式，只有以亲属关系为纽带，以酋长为核心，依等级原则建立的酋长制度。正如法国学者埃德蒙·塞雷·德里维埃（Edmond Séré Rivières）所观察到的："社会秩序是以完全服从酋长管辖为特征的，这种服从并不抹杀个人，而是根据一种事实上的传统，首领地位的至高无上和对风俗习惯的绝对权力而来的。"〔1〕英国学者威廉·托多夫也认为："虽然毫无疑问许多这类的国家形式殖民主义者来临之前就存在，但是无论是西苏丹出现的三个古帝国，西非森林深处中的王国，还是在南部非洲出现过的国家，就整体而言，这些国家的出现并非是被殖民前非洲的典型现象。多数非洲人当时仍然生活在无国家的社会之中，围绕着家庭、血亲、氏族而组织起来……"〔2〕

早在 15 世纪时起，欧洲人就通过传教士、商人和探险家等方式与非洲建立起了联系。17 世纪后，欧洲人通过罪恶的奴隶贸易不断蹂躏着非洲各个地区。随着欧洲各国工业革命的逐渐完成，欧洲人开始不断向非洲深处扩张，并逐步建立了殖民地。

二、西方殖民大国的统治模式

众所周知，1884~1885 年的柏林会议确认了英、法、德、葡等帝国主义在非洲的势力范围，建立起了若干新的殖民地和

〔1〕［法］埃德蒙·塞雷·德里维埃：《尼日尔史》，上海师范大学《尼日尔史》翻译组译，上海人民出版社 1977 年版，第 408 页。

〔2〕［英］威廉·托多夫：《非洲政府与政治》，肖宏宇译，北京大学出版社 2007 年版，第 27 页。

保护地。到了1900年，非洲大陆就已经基本上被英国、意大利、德国、法国、比利时、西班牙和葡萄牙等国家瓜分了。欧洲的殖民统治对非洲的传统治理方式造成了严重破坏。殖民地与殖民地之间界限的划分常常是任意的，很少考虑与非洲传统相结合。这样，刚果便被一分为三：法属刚果、比属刚果和安哥拉。[1]此后，欧洲列强对非洲由军事占领慢慢转变为文官治理，初步确立了早期殖民统治秩序。通常认为，欧洲殖民者在非洲采取的统治方式主要有两种：第一种是以英国为代表的间接统治模式；第二种是以法国为代表的直接统治模式。

（一）英属非洲的“间接统治”模式

英国是非洲的主要殖民宗主国之一，它征服和占领了非洲几十个大大小小的政治实体。为治理总面积比本土大几十倍且国情大不相同的殖民地，英国在实践中逐渐总结出了一套间接治理模式。该方法较能体现英国殖民者的统治技巧。其精髓在于：“土著酋长是行政机构不可或缺一部分，不论英国人和土著人是各自行使职权，还是相互合作，都只有一个单一政府。”[2]即其本质上仍是借由间接手段的统治。间接治理模式具体发展为一套具有特定内涵的殖民统治政策，是由尼日利亚总督弗雷德里克·卢加德（Frederick Lugard）爵士在20世纪初提出并建构的。他在1922年出版《英国在热带非洲的双重使命》一书中，系统地阐释了其间接统治思想。英国学者威廉·托多夫认为：“这种统治方式使得英国在殖民地的统治能够借助土著政治体制如酋长和长老会进行，后者形成了非洲土著权威，并由土

〔1〕［英］威廉·托多夫：《非洲政府与政治》，肖宏宇译，北京大学出版社2007年版，第27页。

〔2〕 Frederick J. D. Lugard, *The Dual Mandate in British Tropical Africa*, W. Blackwood Press , 1929, 53.

著法庭支持，最终也从土著税收中开支。这项制度针对的是非洲社会固有的保守主义倾向，在酋长制根深蒂固的地区，该制度运转得就最好，尼日利亚北部就是一个典型。”〔1〕

早在殖民者到来前，尼日利亚北部就建立起了以索科托为中心的大帝国。殖民入侵时，索科托虽由盛转衰，但各城邦政权机构仍保留了一整套行政系统、司法和税收制度，从而为间接统治提供了基础。同时，由于它是英国在非洲占领区域最大、人口最多的地区，且因气候恶劣，白人移民十分稀少，〔2〕忙于殖民扩张的英国殖民当局又无力派遣足够的人员进行直接统治，再加之当地人民的激烈反抗，该地第一任高级官员卢加德在考虑上述现实情况后，得出了“任何政府体系要永久存在，就必须根植于土著社会机构之中”的论断，〔3〕继而有意利用当地现成政治机构，推行间接统治，以求达到省钱、省力而又有效的目的。

在卢加德的鼓吹和实践下，间接统治很快就演变为了一套有专门涵义的统治制度。具体主要包括四个方面：〔4〕一是承认“包括对全部土地最高所有权、任命土著首领和所有国家官员的权利以及立法权和征税权”在内的英国宗主权，〔5〕具体通过在

---

〔1〕［英］威廉·托多夫：《非洲政府与政治》，肖宏宇译，北京大学出版社2007年版，第31页。

〔2〕据吉福德教授统计当时英国在整个北尼日利亚地区的行政人员仅有11人。Louis Gifford, *Britain and Germany in Africa: Imperial Rivalry and Colonial Rule*, Yale University Press , 1967, 352.

〔3〕R. L. Buel, *The Native Problem in Africa*, Vol. 1, The Macmillan Company Press, 1928, 717～718.

〔4〕洪永红、夏新华：《非洲法导论》，湖南人民出版社2000年版，第217～220页。

〔5〕Marygery Percham, *Native Administration in Nigeria*, Oxford University Press, 1937, 43.

殖民地行政系统中设立一系列高级专员、驻扎官和地区长官，对土著统治者进行监督和指导来执行。二是建立土著政权，1916年卢加德颁布《土著政权法》，以法律形式对当地统治者及传统制度加以承认，并由殖民当局的附庸维持治安、执行总督命令，实现对当地人民的统治。三是建立税收制度和土著金库。1917年颁布的《土著收入法》规定："由英国官员协助土著首领确定各村、镇应纳税额，而征收的税额，除留取用以支付薪水和公共建设费用外，均要上交殖民当局。"四是设立土著法院，改非洲传统司法机构为"土著法院"，从属于土著当局，并于1914年颁布《土著法院法》，规定将其作为初等法院在全国普遍设立，由英国官员负责监督和控制，任命最高酋长担任首脑。"依据土著法律和习惯审理地方土著居民民事案件及享有极有限的刑事审判权"，〔1〕并参照英国法律制度建立由英国人组成的高等法院和省法院，执行英国法律，专门审理外国人之间或外国人与土著之间的纠纷。

卢加德的间接统治模式确立以后，很快在英属非洲推广开来，并为其他殖民国家所借鉴和学习，成为欧洲殖民统治者采用的重要统治手段之一。

（二）法属非洲的统治模式

与英国发明的间接统治模式相比，法国对非洲的统治通常被认为是典型的直接统治模式。其核心是废除非洲原有统治者和权力机构，建立由他们直接主持的各级权力机构，只安排少数亲法非洲人担任办事员之类的低级职务。该模式与间接统治模式最主要的区别在于对待土著政权的态度不同。就此，萨罗曾有过经典评论："英国是在现存的东西上一天天地建设着（土

---

〔1〕 C. W. Newbury, *British Policy Towards West Africa*, Clarendon Press, 1971, 36.

著政权）；法国则梦想新的、直线式的（土著政权）建筑式样。”

法国把其在非洲的殖民地分成两大集团：法属西非的 8 个殖民地和[1]法属赤道非洲建立的4 个殖民地。[2]法国对其殖民地在很大程度上采用了一种统一的方式进行集中的直接管理。两大殖民地集团都由宗主国委派大总督进行统治。大总督拥有极为广泛的权力：集行政与军事领导于一身，并且可以随意任命和解雇工作人员。在他的指挥下有主管政治、财政、公共工程、教育、经济事务和卫生的总监。各殖民地都设有受大总督指挥的总督。每个殖民地都被划分为数目不等的行政区。法国任命的各级殖民官员担任着政府的主要职能，非洲人则担任办事员之类的低级职务。[3]

当然，法国在非洲的治理政策并非是绝对一成不变的。同英国一样，法国殖民行政官员也试图使当地现存的社会结构适合自己的需要，从而赋予这些结构一定的灵活性。因而，在那些传统统治势力强的地方，殖民管理制度更具有间接的特性，如莫西（Mossi）酋长在上沃尔沃的统治以及富拉尼埃米尔（穆斯林的酋长或王子）在喀麦隆北部省区的统治（法国管理的托管地，同多哥一样，不属于法属西非）。[4]

事实上，欧洲人在非洲的实际统治方式要复杂得多。不同的欧洲殖民者采取的殖民统治类型有很大不同，甚至在同一欧洲

---

〔1〕 法属西非殖民地为塞内加尔、法属苏丹（今马里）、法属几内亚、上沃尔特（今布基纳法索）、科特迪瓦、达荷美（今贝宁）、尼日尔和毛里塔尼亚。

〔2〕 法属赤道非洲的 4 个殖民地为中刚果［今刚果（布）］、乍得、乌班吉沙里（今中非共和国）和加蓬。

〔3〕 葛佶主编：《简明非洲百科全书（撒哈拉以南）》，中国社会科学出版社 2000 年版，第 92 页。

〔4〕 ［英］威廉·托多夫：《非洲政府与政治》，肖宏宇译，北京大学出版社 2007 年版，第 29 页。

国家的控制下，不同领地的殖民统治类型也有差异。[1]比如，英国根据非洲各国的不同历史、社会和人种特点，不同的自然条件和战略地位，实施它认为最合适的政治制度。例如，它在埃及实行保护国制度，在南非联合布尔人实行一种半自治状态的联邦制度，在乌干达和尼日利亚推行间接统治制度，在罗得西亚和塞拉利昂则实施直接统治。[2]

第二节　殖民时期非洲宪制的初创

欧洲国家在非洲的殖民统治确立以后，一些非洲国家在宗主国的支持下开始制定宪法，或者创建一定的政权组织形式、法院系统，有的国家甚至成立政党，并举行了一些选举活动。早在1822年，美国人拉尔夫·格利和杰胡迪·阿什曼就为利比里亚殖民地制订了一部《格利宪法》。1925年2月，美国国会批准了该宪法。根据《宪法》，移民们拥有选举副代表以下各级官员的权利，但是最后决定权仍属美国殖民协会的代表。[3]此后，南非（在1909年）、埃及（在1923年）、尼日利亚（在1923年）等不少国家也相继颁布了自己的宪法，对政权组织形式、法院系统或选举等做出具体规定，率先开始了创立宪制的探索。

---

〔1〕［美］拉纳·怀利：“撒哈拉以南的非洲：西方的影响和本土的现实”，载［美］霍华德·威亚尔达主编：《非西方发展理论——地区模式与全球趋势》，董正华、昝涛、郑振清译，北京大学出版社2006年版，第83页。

〔2〕艾周昌、郑家馨主编：《非洲通史·近代卷》，华东师范大学出版社1995年，第627~628页。

〔3〕李文刚：《列国志：利比里亚》，社会科学文献出版社2006年版，第50页。

一、非洲代议制政体的早期萌芽

殖民早期，西方的一些先进政治制度在治理殖民地过程中被直接输入到非洲。截至第一次世界大战前，在宗主国殖民政策直接引导和西方宪制的直接输入下，西方宪制体制中的立法委员会和行政委员会等代议制机构开始在非洲设立，并呈现出了共有的特点：就组成人员来说，多是一些欧洲官员和传教士，非洲籍委员甚少且多用来装饰门面，引用英国非洲史教授 J. D. 费奇的话就是“……这些人不习惯于英国立法和行政管理方法，开始时并没有给予他们以选举立法委员会的权利”。〔1〕就职能而言，立法委员会在总督批准、殖民大臣不反对的前提下享有有限立法权，制定对总督没有约束力的法律；行政委员会多为总督执政提供咨询，本身没有多大权力。

具体来说，鉴于统治方式的差异，在间接统治模式下的各殖民地中，这些早期机构尤为常见。如英国在冈比亚、黄金海岸分别于 1843 年、1850 年设立立法委员会；在塞拉利昂，于 1863 年设立行政和立法委员会；在尼亚萨兰（今马拉维），1907 年成立行政和立法会议；在南罗得西亚（今津巴布韦），1898 年成立行政和立法委员会；在北罗得西亚（今赞比亚）也于 1917 年成立咨询委员会；在尼亚萨兰，于 1905 年设有行政会议，于 1907 年成立立法会议；在布干达，于 1900 年设有卢基科（国务会议）；在桑给巴尔，于 1913 年成立保护地会议等。而在直接统治模式下的殖民地，因宗主国主要致力于建设高度中央集权的殖民统治体制，殖民地的立法、行政和司法权都处于殖民政府的严格掌控之中，本身并不存在立法机关，殖民当局只

〔1〕［英］J. D. 费奇：《西非简史》，于珺译，上海人民出版社 1977 年版，第 351 页。

是在小范围殖民地中，尝试设立参议会和政府委员会等公众参与的议事机构。如1834年，法国在阿尔及利亚设立由军队总司令、民政监督官、海军司令及财务主任组成的参议会，于1848年设立省议会，于1881年在总督之下设立政府委员会；在塞内加尔设有地区议会和按法国模式建立的市议会等。

此外，这一时期，除了开始出现早期议会制机构外，非洲少数国家还由于历史因素而较早出现了初步代议制政体，如埃及自1886年协商会议就开始了代议制政治生活，1878年埃及成立了殖民背景下第一个具有现代国家性质的政府机构。后来，伊斯梅尔将其解散并建立埃及人内阁，新内阁制定了新的基本条例草案，授予协商会议以欧洲议会式的权力，确立议会内阁制，明确体现代议制原则。1879年，谢里夫内阁和马哈茂德·萨米巴·鲁底内阁先后成立。新内阁颁布的新《基本法》规定："实行立宪原则，采用分权制建立议会，进行普选，限制总督权力。"[1]该宪法更接近西方民主内容，首次确立了内阁向议会负责的代议制，被称为是"埃及从绝对统治国家过渡到议会制民主政治的第一部宪法"。[2]在其他的国家南罗得西亚早在1898年颁布第一部宪法时就走上了自治政府道路。

因此，殖民早期，除少数国家由于历史因素较早出现初步代议制政体外，在殖民政策安的排下，西方宪制揭开了主动移植输入的序幕。西方议会制机构作为初步移植产物也开始在非洲"安家落户"，尽管它们在组织上不够完备，只起咨询和协商作用，且非洲人成员为数甚少，只是形式意义上的代议制机构，

---

〔1〕夏吉生、杨鲁平：《非洲两国议会》，中国财政经济出版社2005年版，第218页。

〔2〕毕健康：《埃及现代化与政治稳定》，社会科学文献出版社2005年版，第43页。

但这些机构却是非洲继受西方宪制体制的早期萌芽。

二、法院系统的初建

西方通过征服和“有效占领”，在非洲确立殖民统治后，为规范政治和法律事务曾向非洲不同程度地引进欧洲司法制度。如南非在英国统治下，“原来罗马荷兰法‘两层蛋糕’，加进第三层——英国法”，[1]在将本国司法制度引入殖民地后，殖民者通常采双轨司法制进行协调，即凡涉及非洲人的民事诉讼依殖民前法律模式处理，而刑法和涉及欧洲人的诉讼则直接归殖民当局司法管辖，并以其国内法院模式为蓝本，按照其所理解的非洲人需要在各地建立或重组法院，从而直接在非洲植入了宗主国法院体制，孕育了西方宪制模式下非洲法院体制的早期萌芽。

具体来说，在间接统治模式下，土著法院制度是宗主国在殖民地推行“间接统治”的重要组成部分，而对该制度最为精心推敲并获最大成功的莫过于尼日利亚。在前殖民时期，该国就设有本土法院体系，如在北尼日利亚设有适用伊斯兰法的地方法院，南尼日利亚设有适用习惯法的土著法院。1862 年，英政府开始尝试将其法律引入拉各斯，建立英式最高法院，1866 年又在阿萨巴设立高级法院和警察局。1900 年，英政府进一步规定在尼全境实施英国习惯法、衡平法及通用法规，开始了英国法的正式移植。其在移植过程中声称：“英国法律和司法程序移植到尼日利亚以代替非洲法律和习惯法，对于这里的社会和文化制度来说将完全是毁灭性的。”[2]主张充分利用土著政权司

〔1〕 John Dugard, *Human Rights and the South African Legal Order*, Princeton University Press, 1978, 8.

〔2〕 James S. Coleman, *Nigeria: Background to Nationalism*, Berkeley and Los Angeles Press, 1958, 53.

法职能，尽可能地缩小英国法律和司法程序的适用范围，并颁布《土著法院公告》，发给土著法院许可证，允许其按照伊斯兰法或土著习惯法对土著居民行使司法审查权。但审理活动仍要受殖民当局严密监督，规定“土著法院判决超过一定级别的处罚，非经总督核准不能生效”。[1]据不完全统计，截至1906年，北尼日利亚正式确立土著法院109个。此外，除改组非洲传统司法机构、成立土著法院以外，参照本国法律制度设立高等法院和省法院是西方国家对殖民地植入宗主法院模式的主要手段，尼日利亚高等法院主要设在拉各斯和一些欧洲人聚居地，由英国人组成，执行英国法律，专门审理外国人之间或外国人与土著居民之间的诉讼。省法院则由驻省长官主持，主要审理非土著居民和城镇案件。1914年，南北尼日利亚合并，尼日利亚司法制度按北尼日利亚模式逐步走向统一：首先，颁布《土著法院法》将土著法院作为初等法院在全国普遍设立，填补司法制度空隙。其次，颁布《最高法院条例》和《省法院条例》设立最高法院和省法院，规定最高法院适用英国法，对民事和刑事案件有初审和上诉审管辖权。

与间接统治相比，推行直接统治的宗主国在“要协助土著沿着困难道路达到在文化、社会和政治上与宗主国相同地位”，甚至要求在“最微小细节也要绝对同一”“精确复制”的同化政策主导下[2]：首先，颁布《土著居民管制法》，将服从土著习俗的人（臣民）和据欧洲法律已同化的人（公民）加以区别，创制两种完全不同的法庭系统和法律体系；其次，通过设

---

〔1〕 Lord Hailey, *An African Society* (*revised* 1956), Oxford University Press, 1957, 14~17.

〔2〕 H. A. Wieschhoff, *Colonial Policies in Africa*, University of Pennsylvania Press, 1944, 92.

置与宗主国本土极为相似的法院系统实施宗主国司法制度，限制和瓦解酋长司法权。具体来说，在土著法院方面，设置实施土著司法制度的种族法庭，由欧洲行政官主持，从显贵或酋长中挑选陪审员予以协助。颁布《土著居民管制法》赋予当地行政官员半专制式的司法权，这就为任意行使司法权提供了可能，并规定对于臣民除受土著法院管辖外，殖民官员还有权对其实行速决裁判制，即不经过法院就可任意逮捕臣民，处以各种监禁或罚金。而公民除可免受该法管辖外，还可适用特别设置的与宗主国本土相似的法院系统。该系统具体由共和国检察院执行通常的检察职能，初审法官代表殖民当局起诉，并设立上诉委员会，受理对初级法庭和各简易法庭承审员有关民事判决的上诉。尽管上述两种法院系统的出现，本质上只是宗主国出于殖民统治考虑，但却与间接统治出现了殊途同归的结果：以宗主国法院模式为蓝本，在非洲各地建立或重组法院的活动，无形中又为非洲植入了宗主国法院体制，孕育了西方宪制模式下非洲法院体制的早期萌芽。

三、政党的组建及其功能

西方殖民侵略史也是非洲人民的反抗压迫史，自殖民者踏入非洲土地那天起，非洲人民反帝反殖的斗争就从未停止过。随着西方国家在非洲的殖民扩张，欧洲人的宗教文化、生活方式和教育不断渗透，西方民主思想也随之传入，从而给非洲反抗压迫政治生活带来了潜移默化的影响，孕育了最初各种自发的组织和精英政党。

19 世纪末 20 世纪初至第一次世界大战是非洲政党萌芽和初步创制时期。鉴于地缘关系和宗主国政策的倾斜，地处北非、西非和东非沿海的一些殖民地中资本主义生产关系率先得到发展，并最先受到近代西方民主思想的影响，出现了一批不满国家现状的资产阶级知识分子，相继成立了最早的政治组织和政党。如1872年塞拉利昂“土著人协会”；1897年黄金海岸“土著权利保护协会”；突尼斯“青年突尼斯人” “突尼斯党”；1912年南非“南非土著国民大会”等。而埃及是其中最具代表性的国家，该国于1878年就成立了“祖国协会和青年埃及协会”，1879年成立的“祖国党”是非洲历史上第一个民族主义政党，20世纪初埃及政治舞台上活跃着“民族党”“立宪改革党”和“新祖国党”三大政党，其中“新祖国党”无论在政治纲领，还是在组织群众开展斗争方面都要更进一步，从而被认为是具有更多现代意义的政党，是埃及第一个严格意义上的政党。

对于上述殖民早期出现的非洲精英政党，刚果历史学家约德·莱兰莱将其评价为“谨小慎微的改良主义者”，“‘政治目标极为有限……自身利益一般都与其所鼓吹的外国统治者利益相一致’”。[1]其早期政治活动主要是倡导接受欧洲模式，努力适应宗主国殖民制度。尽管这些殖民早期出现的政治组织，本质上只是西方宪制民主思想直接影响下为西方殖民侵略服务的产物，还算不上非洲本土严格意义上的政党。但笔者认为，这些非洲政党组织的早期萌芽极具历史意义，它们的诞生为以后非洲政党的创制和完善奠定了基础。

第三节　二战后非洲国家的宪制变革

第二次世界大战以后，国际形势急转直下，亚非拉各国被

---

〔1〕 Sarai Abram, *The Democratic Socialism and Nationalism of Western Africa from 1900 to 1945: The Ideology and Social Class Research*, Oxford University Publications Printing Office, 1972: 133.

奴役的人民觉醒起来，开展了反帝反殖的民族主义斗争。在此国际背景下，非洲广大殖民地人民要求独立的呼声日渐高涨，并积极投入到民族独立运动之中。二战以后，非洲人民实现民族独立的方式有很多种，有的国家采取武装斗争的方式，推翻宗主国或者傀儡政权的统治，进而获得国家独立，如埃及、埃塞俄比亚等国家；许多国家尤其是英属非洲国家则是通过宪制改革实现其国家独立的，如尼日利亚、塞舌尔〔1〕、肯尼亚、喀麦隆和冈比亚等国家。有学者认为，早在第一次世界大战以后至二战期间英属殖民地就兴起了“宪制改革”和民族自治运动，其理由如下〔2〕：

第一次世界大战以后，英属殖民地以新兴知识分子阶层为主角的“宪制改革”和民族自治运动开始兴起，其历史背景如下：

（1）社会阶级结构的变化。

（2）一战后英属殖民地间接统治制度的推广，调整和实施，排斥了新兴知识分子群体，引起了他们的不满和对立。

（3）一战后威尔逊鼓吹的自由民主和自决原则的影响，以及泛非主义思潮和非洲民族文化意识的觉醒和复苏。

（4）对英属殖民地当局经济上的掠夺和垄断性政策的反响。

两次世界大战之间，英属殖民地“宪制改革”和民族自决运动概况如下：

英属西非：建立了一大批不足的、福利的、文化的、同学会的各类社团。

---

〔1〕 刘金源：“新形势下的无奈选择：英国殖民时期塞舌尔的宪制变革评析”，载《南京大学学报（哲学·人文科学·社会科学）》2002年第5期。

〔2〕 郑家馨：《殖民主义史（非洲卷）》，北京大学出版社2000年版，第456~460页。

英属东非：20世纪20年代后，肯尼亚第一个民族主义组织“东非人协会”建立，这个组织的成员以小资产阶级和商人为主。

但笔者认为，非洲殖民地的宪制改革运动发端于二战以后。在一战以后至二战期间，虽然英属非洲殖民地的阶级结构发生了一些改变，产生了一部分新兴知识分子群体，并成立了一些组织，如塞拉利昂的“土著人协会”“东非人协会”等，但其实力还很弱小。如前所述，刚果历史学家约德·莱兰莱评价二战以前的精英政党和政治组织为“谨小慎微的改良主义者”，“‘政治目标极为有限……自身利益一般都与其所鼓吹的外国统治者利益相一致’”，[1]即是最好的证明。因而，从宪制改革的视角来看，二战以前非洲殖民地虽有少量的宪法制定和修改，但还不能被称为严格意义上的宪制改革。二战以降，随着非洲民族运动日趋高涨，非洲各殖民地的政党组织日益活跃和成熟，知识分子的政治诉求逐渐转变为寻求国家和民族独立，选举制度日益完善，代议制逐渐健全，司法制度逐步建立，非洲许多殖民地通过宪制改革运动一步步实现了其国家独立。从这一段经历可以看出，殖民时期的宪制不仅是宗主国进行殖民统治的工具，也是殖民地人民通过合法方式反抗殖民压迫、赢取独立的重要途径。而且，非洲人民在本轮宪制改革中不仅实现了国家和民族的新生，而且积累了立法和治理宪制民主国家的宝贵经验。当然，殖民时期的宪法和宪制的创制，在很大程度上取决于宗主国的意志，而较少考虑殖民地人民的利益和部族、区域间的不平衡问题，这都对独立后非洲各国宪制的探索产生了重要而深远的影响。

---

〔1〕 Sarai Abram, *The Democratic Socialism and Nationalism of Western Africa from 1900 to 1945: The Ideology and Social Class Research*, Oxford University Publications Printing Office, 1972, 133.

一、二战后非洲国家宪制改革的历史背景

第二次世界大战也为非洲社会带来了深远的影响。经济方面，非洲经济面貌因二战的发生而发生了较大的变化；政治方面，非洲民族意识觉醒，民族主义运动日趋高涨，要求独立的呼声此起彼伏，响彻整个非洲大地。从外部因素来看，第二次世界大战对英国、法国、德国、意大利、葡萄牙、比利时等殖民宗主国造成了沉重打击，使得这些国家忙于战后重建而无力统治广袤的非洲殖民地，不得不调整其殖民政策。因此，在殖民地人民的斗争和宗主国的步步退让中，非洲宪制改革得以拉开序幕，并造成了非洲各国的独立。

（一）二战期间及战后非洲经济面貌的巨大变化

第二次世界大战期间，由于欧美国家在政治和军事方面的竞赛日趋激烈，各国对工业和农业资源的依赖也不断加深，各国利用自己手中的特权，疯狂掠夺非洲资源，以备战争之需。在战争机器的推动下，非洲工业、农业、交通运输业等行业都得到了一定程度的发展。工业生产方面，1944 年非洲煤的总开采量比 1938 年增加了 50%，达 2600 万吨以上。发电量，依照南非联邦、阿尔及利亚、比属刚果（今扎伊尔）、南罗德西亚（今津巴布韦）等 16 个国家的统计，在同时期内增加了 37%，达 93.94 亿千瓦时。某些矿物质原料开采也得到了发展。1944 年锌矿开采量比 1938 年增加了 28%，达 3.7 万吨；锡矿增加了 52%，达 3.2 万吨；铜矿增加了 5%，达 42 万吨，石棉增加了 54%，达 11.5 万吨。[1]

---

〔1〕［苏联］亚·尤·施皮尔特：《第二次世界大战中的非洲》，何新译，世界知识出版社 1961 年版，第 66、68、71~74 页，转引自顾章义："第二次世界大战——非洲各民族走向独立的里程碑"，载吴秉真、高晋元主编：《非洲民族独立简史》，世界知识出版社 1993 年版，第 97~98 页。

在农业生产方面，囿于宗主国的殖民经济发展需要，非洲的粮食生产长期受到忽视，而经济作物的增长却很快。自第一次世界大战结束至第二次世界大战开始前，非洲的咖啡、可可、花生和烟草等几种重要出口作物，增加了2倍~5倍不等，在世界总产值中的比重也有所上升。在二次大战之前，非洲的棕榈仁已占世界总产量的97%、棕榈油占70%、丁香占90%、西沙尔麻占70%、可可占65%、花生占60%、甘蔗占58%、芝麻占47%。[1]二战期间，非洲的交通运输业也得到了较大的发展。为了供应北非、西亚和欧洲战场的需要，从二战初期起，非洲各地就开始大力推行港口的修建和扩建工作，开辟了新的航空干线，扩大了原有的航空运输线。沟通西非与北非的古代撒哈拉商道也被充分利用起来。……二战期间，非洲交通运输业的发展，不仅为支援战争做出了巨大的贡献，也大大加强了非洲内部的各种联系。……二战期间，非洲内部加强起来的这种经济联系，于战后仍在继续，并为此后非洲经济的发展创造了有利条件。[2]笔者以为，二战期间非洲经济发展的重大意义绝不仅止于此。经济基础决定上层建筑。随着非洲经济的发展，非洲各阶层逐渐形成，出现了阶级结构的区分，新的政治力量登上历史舞台，并逐渐壮大，最终促成了民族主义运动的不断高涨。

（二）二战后民族主义运动的日趋高涨

非洲的民族主义运动由来已久。早在1881年，苏丹就发生了由马赫迪领导的反英武装斗争。1919年的埃及罢工和起义最终迫使英国承认其独立地位，并颁布1923年《宪法》。这些民

---

〔1〕 葛佶主编：《简明非洲百科全书（撒哈拉以南）》，中国社会科学出版社2000年版，第323页。

〔2〕 顾章义："二战期间非洲社会的发展变化"，载《西亚非洲》1995年第5期。

族主义运动为二战后民族主义运动的开展积聚了经验。经过第二次世界大战的洗礼，非洲不仅在经济上得到了一定的发展，随着新生政治力量登上历史舞台，非洲的阶级结构也发生了变化。知识分子队伍不断成长壮大，非洲民族主义运动不断趋于高涨，最终促成了非洲民族独立运动的蓬勃发展。

第二次世界大战以后，非洲社会发生了深刻的变化。一些有着留学背景的民主人士（如纳姆迪·阿齐克韦、克瓦米·恩克鲁玛等）回到非洲，成立了一些关心人民疾苦、表达人民意愿的政党和团体；知识分子队伍也在扩大。同时，这些民族主义者与殖民管理者之间的冲突也在加深，促使非洲的民族主义成为当时最具战斗力的群体。根据威廉·托多夫的研究，至少在法属非洲和英属非洲，就有表达人民困苦的政党和利益集团形成。共有 7 个利益集团："其中的一个是酋长和族长构成的传统精英阶层，这些人的一部分加入了二战结束后的民族主义运动，还有一部分则与民族主义运动保持着距离，试图以殖民统治的合作者身份来保持他们自身的特权地位。另一个利益集团是由少数职业人士组成的，这些职业人士主要包括医生、律师以及成功的商人与承包人，他们在其国家议会和早期的政党中起着非常重要的作用；……我们可以清楚指出的第三个利益集团主要由小学教师、办事员和小商人组成，……第四个利益集团是官僚阶层——等级制的，被西方行政价值观所分割并影响的——其成员期望着从独立后的非洲政策中获利。第五个利益集团是城市的劳动大军。……第六个利益集团是由小店主、小商贩构成的城市中的一个大的非正式部分。……最后我们要提到的利益集团是由经济作物农场主构成。"〔1〕二战以后，这些利

〔1〕［英］威廉·托多夫：《非洲政府与政治》，肖宏宇译，北京大学出版社 2007 年版，第 47~48 页。

益集团纷纷带着自己的经济和政治诉求登上政治舞台，并集聚在一起，组成一个个大会组织或政党。这些组织最初发挥的影响极为有限，但随着民族主义运动的深入开展，其中一些组织逐渐成熟，转变为政党，成为民族主义运动的领导者和独立后民族国家的重要政治力量。不管怎样，这些组织和利益集团所领导和组织的各种各样的反殖民主义斗争如游行示威、联合抵制、大罢工乃至武装斗争，都给欧洲列强的殖民统治造成了极大的压力，迫使殖民主义者不得不作出让步，调整其殖民政策。

（三）二战后宗主国统治方式的改变

二战以后，民族主义的兴起及其不断升温，促成了殖民帝国的瓦解。随着非洲民族主义运动的深入发展，以及面临着国际形势的压力，以英法为代表的殖民主义者开始考虑对非洲殖民地的政策做出重大调整和让步。

二战虽然成功摧毁了德、意、日的法西斯统治，但也使英国背上了沉重的包袱。庞大的战争债务及战后不断恶化的国际贸易条件使昔日的大英帝国陷入了前所未有的经济困境。随着殖民地民族主义运动的日趋高涨，当时执政的工党政府意识到殖民地的崩溃已是不可避免的趋势。此时最明智的做法只能是在必要时由各主要殖民地实现自治，同时努力将英帝国向联邦发展方向引导，实行用联系密切的英联邦代替帝国的政策，以此维护战后英国的大国地位和在原殖民地的经济利益。[1]1949年5月的一份内阁档案显示："英国殖民政策的目标很简单：就是引导殖民地在联邦内走向自治……"[2]但这并不意味着英国

---

〔1〕 刘广斌、宋飞："二战后英国非殖民化政策的演变（1945～1964年）"，载《广西社会科学》2003年第1期。

〔2〕 James P. Hubbard, "The United States and the end of British Colonial Rule in Africa", 1941～1968, *McFarland*, 2010, 42.

放弃了庞大的非洲殖民地，因为在英国看来，殖民地的经济政治发展极为落后，根本不足以担当民主自治的重任。因此，英国政府采取了有针对性的两手：首先，在政治方面，工党政府在实行殖民地地方政府改革的同时，开始在各主要殖民地中央政府内部实行“宪制改革”，以现代西方的民主管理制度为模版培育殖民地政体，通过这种似乎是主动的“殖民撤退”，可以笼络新独立国家人民的感情，将其留在英联邦内，继续帮助英国支撑其大国地位。其次，在经济和社会发展方面，工党政府于1945年开始推行第二个《殖民地社会发展和福利法》，加大对殖民地资源的开发，预计总投资12亿英镑。[1]然而，英国的渐进式宪制改革计划很快被打破。1948年2月28日，加纳发生阿克拉暴动，随后又发生了多起罢工和游行示威，沉重打击了英国在加纳的统治。1951年，加纳成立责任政府，实行内部自治，恩克鲁玛成为政府事务领导人。[2]加纳走向独立的进程自此已不可控制。此后，随着非洲殖民地宪制改革和民族独立运动的开展，加纳、尼日利亚、塞拉利昂等国家相继独立并脱离大英联邦的控制，英国在非洲建立联邦，继续控制非洲以维护其经济和政治利益的幻想彻底破灭。

二战以后，法国在非洲的统治同样面临着危机。1945年5月8日，阿尔及利亚各大城市的居民在退伍军人的领导下，举行了庆祝反法西斯战争胜利、要求立即实现独立的和平示威游行，遭到了法国殖民当局的残酷镇压。1947年11月~12月，阿尔及利亚有10万以上的劳动人民掀起罢工，抗议法国当局炮制

---

〔1〕 刘广斌、宋飞：“二战后英国非殖民化政策的演变（1945~1964年）”，载《广西社会科学》2003年第1期。

〔2〕 陈仲丹：《加纳——寻找现代化的根基》，四川人民出版社2000年版，第120页。

的欺骗性法规。1954 年 11 月 1 日，民族解放阵线下令在阿尔及利亚全境共 70 个地点对警察局及其他一些政府机关同时发起进攻。[1]阿尔及利亚的武装斗争使法国殖民者感到恐慌，同时也使法国付出了极其昂贵的代价。1954~1957 年阿尔及利亚爆发的武装斗争使法国投入阿尔及利亚战争的士兵达到 50 万人，牵制了法国近百万的军警武装力量，消灭了 10 万以上的殖民军，消耗了法国近百亿美元的财力，极大地削弱了法国对法属非洲广大殖民地的控制力量和镇压武力，震撼了“法兰西联邦”的根基。[2]阿尔及利亚的武装斗争使得人们对法国政府的无能和《第四共和国宪法》确立的政治体制产生了强烈不满。1958 年，戴高乐总统重新掌权后，重新制定《第五共和国宪法》，扩大了总统的权力，同时对殖民地政策作出调整。[3]新的《第五共和国宪法》规定:“法兰西联邦”更名为“法兰西共同体”。[4]法国承诺：凡是参加“法兰西共同体”的非洲国家均享有内部自治地位。据此，共同体成员国可制定自己的宪法、组建各自的议会和自治政府。[5]由此，法属非洲殖民地的宪制改革拉开序幕。

二、二战后非洲国家的宪制改革

二战以后，随着非洲经济的发展，民族主义运动的日趋高涨和宗主国政策的调整，非洲殖民地的宪制改革和选举日趋活跃起来，其中以英国、法国和葡萄牙殖民地的宪制改革最具代表性。这些宪制改革不仅使得非洲国家在殖民时期就积累了宪制治国的经验，而且促成了非洲国家的和平独立，因而具有重

---

[1] 陈文海：《法国史》，人民出版社 2004 年版，第 536 页。

[2] 郑家馨：《殖民主义史·非洲卷》，北京大学出版社 2000 年版，第 96 页。

[3] 郭华榕：《法国政治制度史》，人民出版社 2005 年版，第 537~540 页。

[4] 参见《法国宪法》第十二章“共同体”。

[5] 张宏明：《列国志：贝宁》，社会科学文献出版社 2004 年版，第 64 页。

要的历史意义。

（一）英属非洲国家的宪制改革

如前所述，二战以后，在英帝国主义对在非洲的殖民统治感到难以维系、力不从心的情况下，调整了其殖民政策。政治上在非洲各主要殖民地的中央政府实行宪制改革，允许殖民地政府制定宪法、成立政党、吸引更多非洲人加入到政府中，以期把原殖民地继续留在大英联邦之内，维系大英帝国联邦的经济、政治利益。然而，随着非洲民族主义运动的持续扩展，这些宪制改革运动不断升级，最终成为非洲很多国家和平独立的途径，这是英国殖民者所始料不及的。西非的四个国家加纳、尼日利亚、塞拉利昂和冈比亚就是这种通过宪制改革获取独立的典型。

政党是二战后非洲殖民地宪制改革运动的重要载体，对于宪制改革运动的推动贡献甚巨。二战后，非洲的政党日渐成熟，这些政党有三个来源：一是二战前就已建立的政党和组织。如埃及在 1879 年建立的“祖国党”是非洲历史上第一个民族主义政党。1887 年在开普地区成立的“土著选民协会”是南非最早采取行动维护非洲人利益的政治组织。在英属西非，黄金海岸于 1897 年成立政治组织“土著权利保护协会”。1923 年，尼日利亚成立了“民族党”，其是尼日利亚境内第一个主体民族主义政党。[1]此外，还有跨殖民地的地区性民族主义政党和组织出现，如“西非国民大会”。二是从成熟的政党分裂而来。三是脱胎于文化组织和其他组织。需要指出的是，这一时期的政党虽然不断成长，但是真正的全国意义上的政党还未出现。

同时，这一时期非洲政党的意识形态千差万别。正如威

---

〔1〕 陆庭恩：“二次世界大战前的非洲民族主义政党和组织”，载《西亚非洲》1992 年第 3 期。

廉·托多夫观察到的："那些在1960年前后领导各自国家取得独立的政党中，除了承诺要成为某种革命党的阿尔及利亚民族解放阵线（FLN）和承诺成为另一类革命党的几内亚民主党（PDG）外，绝大多数都不是革命政党，也没有承诺要对现存的社会经济结构进行变革。多数政党是改良主义的，即使是加纳的人民大会党（CPP）和坦噶尼喀的非洲民族联盟（TANU）也不例外，只有少数的几个如科特迪瓦民主党（PDCI）和肯尼亚的非洲民族联盟（KANU）有着保守主义的倾向。"[1]

政党在二战后推动宪制改革的进程中发挥的重要作用是显而易见的。宪法修订、定期选举和解放运动的组织都为这些政党在治理独立后的民主国家提供了经验积累。当然，不同地区的政党在独立前所获得的执政经验是不一样的。通过和平方式取得独立、实现政权平稳过渡的加纳是非洲广大殖民地的幸运儿之一，而其他一些国家如扎伊尔则没有这么幸运，在国家独立前很少有机会参与国家的治理。

定期选举是非洲殖民地宪制改革和民族解放运动得以推进的重要形式。1954年6月，黄金海岸遵照新宪法举行了大选。恩克鲁玛为竞选忙碌了一个月，走遍了全国，访问了每一个选区。结果人民大会党在选举中又一次获胜，得到了55.4%的选票，在104个议席中获得72席。恩克鲁玛组成了全部由人民大会党党员担任内阁部长的自治政府。这次选举实现了黄金海岸由半自治政府向自治政府的过渡。1956年7月，黄金海岸独立前再次举行大选。结果人民大会党在新的国民议会104个议席中获得71席，比反对党多40席，即使在阿散蒂和北方领地也获得了40%的选票。在71席中包括黄金海岸殖民地的全部44席，

---

〔1〕［英］威廉·托多夫：《非洲政府与政治》，肖宏宇译，北京大学出版社2007年版，第54~55页。

外沃尔特地区13席中的8席，北方领地26席中的11席，阿散蒂21席中的8席。恩格拉玛再次组阁。1956年8月，国民议会一致通过了授权恩克鲁玛政府向英国提出的一项在英联邦内独立的决议。[1]同年9月15日，该要求获得英国政府同意。黄金海岸于1957年3月6日正式独立，并更名为加纳。加纳的宪制改革与独立历程在非洲殖民地绝非个案。这种由定期选举推动的宪制发展模式也在英属非洲的其他地方（罗德西亚除外）重复出现，但没有经历西非地区早期的多层次间接选举。[2]

（二）法属非洲国家的宪制改革

英属非洲地区经历的宪制改革在法属非洲同样发生着。塞内加尔、马里、贝宁等国家就是通过宪制改革的方式实现国家独立的。

当然，同英属殖民地相比，法属非洲殖民地宪制改革的环境和路径都有很大的不同。法属非洲殖民地宪制改革的进程是同法国本土的宪制改革捆绑在一起的，随着法国宪法对殖民地规定的调整而改变。这一进程分为两个阶段：一是第四共和国时期殖民地的宪制改革；二是第五共和国时期及其后殖民地的宪制改革。

1. 第四共和国时期殖民地的宪制改革

早在二战结束之际，法属殖民地的政策亟待改变的问题就已在法国引发了不少讨论。1941年1月30日至2月8日，在流亡海外的戴高乐的授意下，布拉柴维尔会议召开。出席这次会

---

〔1〕 陈仲丹：《加纳——寻找现代化的根基》，四川人民出版社2000年版，第134页。

〔2〕 D. Austin, “The British Point of No Return”, Ch. 9 in P. Gifford and W. R. Louis (eds.), *The Transfer of Power in Africa. Decolonization*, 1940~1960, New Haven, Conn.: Yale University Press, 1982, p. 234, 转引自［英］威廉·托多夫：《非洲政府与政治》，肖宏宇译，北京大学出版社2007年版，第60页。

议的有 20 位总督和殖民地长官。会议的中心议题是讨论殖民地在未来的法国新政体中的地位及其内部的行政改革问题。会议通过了《布拉柴维尔宣言》和《关于殖民地政治结构》的决议，后者建议建立海外殖民地的新组织以代替法兰西帝国行政机构，巩固新形势下的法非关系。[1]这一建议最终在 1946 年法国《第四共和国宪法》的颁布中得到体现。该宪法对其海外殖民地政策做出了调整。根据 1946 年《宪法》，法兰西联邦由两部分组成，一为法兰西本土、海外省和领地；二为成员国的领土。这样，所有的法属殖民地“身份”便转变为了法兰西联邦的“海外领土”（Overs Territories），而托管地则未被视为是法国领土的一部分。宪法还宣布了殖民地人民与法国人的平等权利，都应共同遵守此宪法。但事实上，《法国民法典》在海外领地并不适用，同时也只有少数海外领地的公民享有选举权。当然，该宪法也有一定的进步性，它赋予了所有的海外领地的公民享有其本国国民议会（National Assembly）的选举权。殖民地还设立了地方代表大会（Local representative Assembly），这些代表大会并非是地方立法机构，主要职能是处理财政问题。[2]在法属西非和法属赤道非洲还设立了大议会（Grand Council），其职责和职能类似于其他法属海外领地的议会。由此可见，这一时期法属殖民地的地位并没有太大的改变。1946 年《宪法》组建的法兰西联邦不过是为了应对二战后日益高涨的殖民地独立要求的应急策略。

1946 年《宪法》并未从根本上解决殖民地与宗主国之间的

---

〔1〕 张象、车晓梅：《列国志：刚果》，社会科学文献出版社 2005 年版，第 41 页。

〔2〕 Kenneth Robinson, “Constitutional Reform in French Tropical Africa”, *Political Studies*, Volume 6, No. 1, 45.

诸多问题，法属非洲殖民地要求更大权力和自主性的愿望也远远没有实现。法属非洲殖民地要求独立的民族解放战争此起彼伏：1947 年，马达加斯加爆发了反对法国殖民统治、争取民族独立和解放的武装起义；1954 年，阿尔及利亚民族解放战争在民族解放阵线的领导下开始；1956 年，在人民联盟的领导下，喀麦隆全国各地发动了反殖武装起义。民族解放战争的迅猛发展，对法国在非洲的殖民政策产生了很大影响。

1954 年 4 月，法国政府举行了一场关于海外领地政策的大辩论，随后，政府发言人承认政策应该有较大转变，甚至包括宪法修改：领地议会应有更大的自主权，包括决定未被联邦议会保留的各种事务的权力；总督与领地议会之间建立“政府委员会”；在农村设立经选举产生的地方委员会（local councils）；等等。但直到 1955 年，这些改革一直没有开始。[1]面对风起云涌的民族解放运动，法国摩勒政府于 1956 年 6 月颁布了《海外领地根本法》。它允许各殖民地设立领地议会、领地政府，建立半自治共和国。领地政府的总督由法国政府任命，部长由总督提名非洲人担任。[2]这个半自治共和国不过是法国政府的傀儡而已，没有改变殖民地的从属地位，因此仍然无法满足法属非洲殖民地人民的期望。所以，尽管这些改革极大地改变了法国与其海外领地的关系，但并没有被当作准许海外领地独立的序曲。[3]真正能够导致殖民地独立的宪法改革是在第五共和国时

---

〔1〕 Kenneth Robinson, “Constitutional Reform in French Tropical Africa”, *Political Studies*, Volume 6, No. 1, 47.

〔2〕 张象、车晓梅：《列国志：刚果》，社会科学文献出版社 2005 年版，第 58 页。

〔3〕 R. S. Morgenthau, *Political Parties in French - Speaking West Africa*, Oxford: Clerendon Press, 1964, passim，转引自［英］威廉·托多夫：《非洲政府与政治》，肖宏宇译，北京大学出版社 2007 年版，第 61~62 页。

期完成的。

2. 第五共和国时期殖民地的宪制改革

1958 年 5 月 13 日，戴高乐将军再次执掌政权后，为法属非洲殖民地的未来提出了三个选择:①与法国完全合并。②建立法国主导的“法兰西共同体”。③直接独立。[1]其中，建立“法兰西共同体”的主张是由新颁布的《第五共和国宪法》提出的。《第五共和国宪法》规定:“法兰西联邦”更名为“法兰西共同体”,[2]在共同体内，各海外领地均在经济和内政方面享有完全的自主权，可享有立法和行政权，但外交和国防大权仍在法国手中，金融货币发行权和中等以上教育也由法国管理。这样，虽然法属非洲殖民地获得了一定的自主权，但在相当程度上仍然受制于法国。法国政府同意各领地在同年 9 月份举行公民投票，以决定是否愿意留在法兰西共同体内，或者选择直接独立。面对戴高乐将军的如意算盘，法属非洲各殖民地做出了不同选择。态度最为坚决的是几内亚。在欢迎戴高乐的大会上，杜尔说:“我们宁愿贫穷而享受自由，不愿富裕而受人奴役。”1958 年 9 月 28 日，几内亚就是否留在法兰西共同体内举行公民投票。投票的结果是：反对票 1 136 324 张，赞成票 56 981 张。[3]当然，并非所有殖民地都有勇气坚决脱离法国的控制。塞内加尔关于是否留在法兰西共同体内产生了激烈争论，之后，进步联盟分裂，左翼于 1958 年 9 月 28 日分离出去，组建了一个新的政党要求直接独立。同年 9 月的全民投票中，97%的公民选择留

---

〔1〕 张象、贾锡萍：《列国志：塞内加尔、冈比亚》，社会科学文献出版社 2007 年版，第 80~81 页。

〔2〕 参见《法国宪法》第十二章“共同体”。

〔3〕 葛佶主编：《简明非洲百科全书（撒哈拉以南）》，中国社会科学出版社 2000 年版，第 107 页。

在法兰西共同体内自治。[1]11 月 25 日，塞内加尔共和国成立，成为“法兰西共同体”内的自治共和国。同样，马里、中央刚果、贝宁等大多数法属殖民地都选择留在法兰西共同体内成为自治共和国。然而，法国为殖民地提供的这种“共同体”的宪制框架最终没有经受住民族解放运动的考验。法兰西共同体成立不到一年，即 1959 年，法国就改变了其立场，接着在 1960 年修订了《宪法》第 12 条款，从而使得共同体成员在独立的同时依然作为“新共同体”的成员。[2]随后，各法属非洲殖民地就其独立问题分别同法国单独谈判，决定独立日期等事宜。最终，二战以后法国继续控制殖民地的“法兰西联邦”“法兰西共同体”等政策相继破产。在法国主导的一系列宪制改革中，法属非洲殖民地最终获得了独立和自治。

第四节　个案分析：殖民时期埃及宪制的发展及其影响因素

埃及共和国具有悠久的历史和文明传统，属于阿拉伯民族，信仰伊斯兰教，伊斯兰法是埃及宪法的主要渊源之一。从 639 年阿拉伯人入侵埃及时起，埃及人遵守的一直是伊斯兰法。因地处亚、非、欧交通要塞，与欧洲仅一水之隔，埃及成了近代最早受到殖民主义势力侵略的地域之一。殖民势力的入侵给埃及国家和社会造成了巨大的冲击，由此产生的影响有三个方面：

---

〔1〕 张象、贾锡萍：《列国志：塞内加尔、冈比亚》，社会科学文献出版社 2007 年版，第 81 页。

〔2〕［英］威廉·托多夫：《非洲政府与政治》，肖宏宇译，北京大学出版社 2007 年版，第 63 页。

其一，埃及的社会改革。殖民统治直接催生了由伊斯梅尔领导的“欧化改革”，为近代埃及宪制体制的产生奠定了坚实基础。其二，伊斯兰法的世俗化和伊斯兰改革运动的发展。从 19 世纪初开始，埃及人长期信奉的伊斯兰法逐渐世俗化，伊斯兰教本身也进入了变革时期，伊斯兰社会改革和 1952 年以后伊斯兰教的原教旨主义运动对埃及政治体制和社会之变革无不起到举足轻重之作用。其三，民族主义的兴起与持续发展。1882 年，英国占领埃及，激起了埃及民族主义者的觉醒与反抗。民族主义运动在埃及经历了从世俗民族主义、阿拉伯民族主义到纳赛尔民族主义和社会主义的发展历程。自 1923 年埃及颁布第一部宪法以来，埃及宪制之发展便受到伊斯兰改革运动、民族主义和社会主义三种因素的深刻影响，经历了两个发展时期：1923～1952 年的“宪制试验”时期和 1952 年以来的共和国宪制时期。了解埃及宪制的发展轨迹及其影响因素，对我国的宪制建设亦不无裨益。

一、埃及宪制的发展历史

（一）1883～1923 年：埃及宪制之草创时期

埃及宪制活动之起始，可追溯至 19 世纪前期阿里统治时期的一系列立法活动。1837 年，阿里颁布了《制度法》（Organic Law），[1]成为近代埃及系统颁布组织法的开端。而真正的立宪活动则开始于 1882 年谢里夫内阁起草的宪法草案。这部宪法草案最终获得通过，它确认了议会对所有国家预算的表决权，削弱了英法财政监督的作用，规定了实施发展民族经济的政策，进行司法改革、普及教育。随后，英军入侵埃及，并于 1883 年

〔1〕 Kevin Boyle & Adel Omar Sherif, “Human Right and Democracy—The Role of the Supreme Constitutional Court of Egypt”, *Kluwer Law International*, London, 1996, 4.

5月1日通过了1873年《制度法》。这是埃及近代史上第一部宪法性文件。

1. 1883年《制度法》的立法背景

1883年《制度法》出台之前，埃及的封建王朝已经走向穷途末路。1878年，“欧洲内阁”成立，致使英、法两国实际控制了埃及的统治权。1882年，英国公然出兵占领埃及，引起了埃及人民的强烈反抗，进而引发了埃及的伊斯兰复兴运动和民族主义运动的勃发。

1882年10月30日，英国驻土耳其大使杜弗林（Lord Dufferin）到埃及考察后提出：英国人不入埃及内阁，而在中央和地方的要害部门担任“顾问”和“总监”，给予埃及各级官吏以“必要的忠告”。按此报告，英国改变了其殖民政策，取消了英法双重监督，由一名英国顾问全面负责埃及财政；改革司法、文教、卫生制度，削弱埃及在苏丹的势力。

2. 1883年《制度法》的内容

在政体方面，杜弗林废除了1882年的新宪法，解散了拥有较大权力的议会，颁布了1883年《组织法》，建立了3个有名无实的代表机构。[1]

立法咨议会（Legislative Council）：由30名议员组成，其中14名（包括正、副议长在内）是赫底威钦定的，16名是选举产生的。前者为终身议员；后者从省代表会议的代表中产生，每届任期6年，可连选连任。它纯属于咨询机构，无权制定法律，无权讨论上缴土耳其的贡赋和埃及的国债问题，其唯一职能是对政府提交的法令和预算草案进行磋商，提出意见。

议院（General Assembly）：由6名内阁大臣、30名立法咨

〔1〕 杨灏城：《埃及近代史》，中国社会科学出版社1985年版，第234页。

议会议员和46名选举产生的议员组成，共82人。议员的年龄不得小于30岁，能读书识字，在所属的选区内需连续5年完纳10镑以上的房地产税。

省代表会议（Provincial Council）：埃及划分为14个省，各省有自己的省代表会议。

（二）1923～1952年的“宪制试验”时期

如前所述，埃及真正的立宪活动始于1882年，而1882年的宪法却因谢里夫内阁的辞职而没有真正得到实施。

1923年4月19日，经过一年多周密准备的《埃及王国宪法》正式颁布。宪法规定了埃及实行君主立宪制，成立了一个两院制的议会，议会和国王共同掌握立法权。1923年《宪法》与1876年的《奥特曼宪法》有着密切的渊源，它规定国王是政府首脑，有权立法、任命首相、解散内阁和议会，有权指定上议院议长和1/5的上院议员等。[1]由于宪法给予国王的权力过大，导致国王此后连续三次发动反议会政变、解散议会、中止宪法，使宪制名存实亡。

1924年初，埃及根据宪法规定举行了第一次议会选举，反英的华夫脱党人在大选中获胜，并组建了由民族主义人士组成的内阁。但是，脆弱的埃及宪制受到了英国殖民势力和国王的阻挠和破坏，最终导致埃及政权更迭频繁、暴力事件不断、社会动荡不安。[2]

二、埃及宪制发展的影响因素

自1923年埃及颁布第一部宪法以来，埃及宪制之发展便受到

---

〔1〕［英］P. J. 瓦提凯奥提斯：《埃及史》，伦敦1985年版，第276页。

〔2〕孟庆顺：“1923～1952年埃及的宪制试验”，载《西亚非洲》1990年第4期。

伊斯兰改革运动、民族主义和阿拉伯社会主义三种因素的深刻影响。

（一）伊斯兰文化对埃及宪制发展之影响

伊斯兰教产生于阿拉伯半岛，随着公元前7世纪的扩张统一了整个阿拉伯半岛，并对埃及产生了长期而持久的影响。在埃及融入伊斯兰世界的同时，伊斯兰文化逐渐成为埃及传统文化的一部分。近代以来，埃及的伊斯兰传统成了埃及宪制建设的文化基础和理论支柱。

伊斯兰文化在埃及有着悠久的历史渊源。公元639年被阿拉伯人征服后，埃及处于伊斯兰教统治之下。[1]在19世纪穆罕默德·阿里改革以前，伊斯兰教法是埃及唯一适用的法律。自19世纪下半叶以降，埃及沦为西方的殖民地而遭受到物质与精神的双重侵略和压迫，以基督教伦理学为基础的西方人文科学和以个人主义为核心的资产阶级生活方式也浸入到埃及的伊斯兰世界，对其伊斯兰传统文化造成了强烈冲击。

面对西方文化的挑战，伊斯兰世界的思想家作出了三种截然不同的反应。[2]一些保守的思想家坚持伊斯兰的原教旨主义及其价值；激进主义势力则主张完全照搬西方模式，按西方模式组织社会生活；开明思想家主张在不危及伊斯兰基本教义、文化传统和穆斯林同意的前提下，改革伊斯兰教，并倡导了伊斯兰改革运动。此三种观点中，伊斯兰改革运动和原教旨主义运动对埃及宪制的进程和宪制文化的发展都产生了强烈的影响。

---

〔1〕 徐国栋：“非洲各国法律演变过程中的外来法与本土法——固有法、伊斯兰法和西方法的双重或三重变奏”，载何勤华主编:《法的移植与法的本土化》，法律出版社2001年版，第200页。

〔2〕 雷钰、苏瑞林、彭树智主编:《中东国家通史·埃及卷》，商务印书馆2003年版，第226页。

埃及是阿拉伯世界中最早向西方开放的国家，但它在学习和继受西方法律文化的同时，仍然保留了伊斯兰法律传统。自1923年以来，埃及宪法无一例外地都规定了伊斯兰法的地位问题。尽管1923年《宪法》确立了宗教与国家相分离的原则，但又同时认可了伊斯兰教和法律在国家法律方面的地位和作用。1923年《宪法》第149条规定："伊斯兰教是埃及的国教。"[1]宪法的这一内容体现了埃及对伊斯兰法传统的认可和继承，同时也要归功于阿富汗尼和阿布杜师徒领导的伊斯兰改革运动。

1952年以纳赛尔为首的自由军官组织发动军事政变，成立"革命指导委员会"，掌握了国家政权。同年12月10日，革命指导委员会宣布废除1923年《宪法》。[2]1953年2月，埃及颁布了临时宪法。随后，埃及进入了政治制度的3年过渡时期。1956年，新政府颁布的宪法再次明确了"伊斯兰教为国教"这一宪法思想。从此以后，埃及伊斯兰组织穆斯林兄弟会和政府之间的关系成了影响埃及宪制进程主要因素。纳赛尔执政时期，奉行的世俗民族主义和社会主义思想的政府同穆斯林兄弟会发生了冲突，促使其对伊斯兰教采取了"抑制发展"的政策。萨达特总统上台以后，为了巩固政权，转而采取了依靠和利用伊斯兰教的政策，推行了一系列伊斯兰化措施，强调国家的伊斯兰色彩。[3]1971年《宪法》第2条规定："伊斯兰教法原则是立法的主要渊源之一。"其成了埃及宪法奉行宗教主义的基础。1980年《宪法（修正案）》则进一步修改为"伊斯兰教法原则

---

〔1〕 Norman Bentwich, "The Constitution of Egypt", *Journal of Comparative Legislative and International Law*, 1924 (6), 45.

〔2〕［苏联］伊·列明等：《帝国主义争夺非洲的斗争与非洲人民的解放运动》，史真等译，世界知识社1956年版，第118页。

〔3〕 刘中民："伊斯兰复兴与当代埃及"，载《西亚非洲》2000年第3期。

是立法的主要渊源”。[1]更加突出了伊斯兰教在立法方面的显要地位。在埃及宪法的具体内容中，有多处规定体现了宪法对伊斯兰教的重视与肯定：第 11 条规定，国家对妇女地位的保障不得违反伊斯兰局的立法章程。第 19 条规定，宗教教育是通识课程中的主要科目；[2]社会应重视宗教教育。第 46 条进一步规定：国家保障信仰的自由及宗教礼拜的自由。[3]即使在其国家公职人员就职时对“真主”的宣誓词也体现了伊斯兰教主义的特征。[4]上述宪法规定表明：伊斯兰教法不仅是埃及立宪的指导原则，而且在长期的发展中与埃及的国家意识形态相融合，内化为了埃及宪制文化的一部分，从而制约和引导着埃及宪制文化的发展。其实，非独埃及宪法如此，强调伊斯兰教的原则和精神已经成了伊斯兰教各国宪制的共同特征。[5]阿富汗、阿拉伯联合酋长国、卡塔尔、伊朗、巴基斯坦等许多国家都在宪法中明确宣布伊斯兰教为国教，伊斯兰法是可适用的主要法律渊源或主要法律渊源之一。

伊斯兰教各国独立以后，在宪制建设方面所面临的共同问题之一是如何协调传统的伊斯兰教原则和精神与西方宪制和理念的关系。埃及宪制文化以西方宪制为主体、以伊斯兰教原则

---

〔1〕 Clark Benner Lombardi，“Islamic Law as a Source of Constitutional Law in Egypt：The Constitutionalization of the Sharia in a Modern Arab State”，*Columbia Journal of Transnational Law*，1998～1999，(37)，83.

〔2〕 我国台湾地区“国民大会秘书处”资料组编著：《新编世界各国宪法大全》（第 2 册），“国民大会秘书处”1996 年出版，第 1024 页。

〔3〕 Yustina Saleh，“Law the Rule of Law，and Religious Minorities in Egypt”，*Middle East Review of International Affairs*，Vol. 8，No. 4，December 2004，75.

〔4〕 涂上飙、窦家应：“埃及宪法的发展及其特点”，载《武汉大学学报（社会科学版）》2002 年第 2 期。

〔5〕 高鸿钧：《伊斯兰法：传统与现代化》，清华大学出版社 2004 年版，第 302 页。

和精神为指针，较好地实现了两者间的调和，为伊斯兰各国的宪制实践做出了表率。

（二）民族主义运动对埃及宪制发展之影响

民族主义对埃及宪制的影响根深蒂固，在埃及宪法中充分体现了这一指导原则。民族主义作为埃及现代化中的核心要素，与埃及近现代宪制相结合，业已成为埃及宪制文化的一大特征。这一特征随着民族主义在不同时代的发展而被不断赋予新的内容。

19 世纪下半叶，英国占领埃及，成了埃及民族主义运动兴起的导火索。而帝国主义和封建主义的压迫则成了埃及民族主义兴起和发展壮大的根源。民族主义运动在埃及经历了从世俗民族主义、阿拉伯民族主义到纳赛尔民族主义和社会主义的发展历程，对埃及宪制进程和现代化的发展都有着极为重要的影响。

1907 年 3 月，民族主义者领导的人民党成为埃及政坛上出现的第一个政党。其实际领导人卢特菲·赛义德主张必须制定一部限制政府权力、赋予人民自由权利的宪法，因为唯有立宪制度能够保证政治自由。卢特菲的思想代表了当时埃及民族主义者的心声，推动了埃及宪制思潮的传播和 1923 年《宪法》的产生。

1922 年 2 月 28 日，在华夫脱党领导的埃及民族独立运动浪潮冲击下，埃及宣布独立，并颁布了 1923 年《宪法》，进入了其“宪制试验”时期。根据 1923 年《宪法》，在 1924 年初埃及举行了第一次国会选举，成立了以民族主义人士为核心的政府。但是，随着形势的变化，政府中占多数席位的政党因领导人的更换开始向英国妥协。由于英国殖民势力的干扰、经济危机的打击、二战的爆发和埃及资产阶级政治自身的不成熟等多重因素的影响，埃及的宪制试验最终失败。[1]宪制试验的失败表明了埃及民族资本主义势力的软弱，但同时也催生了新的民族主义——纳赛尔民族主义。

1952年，埃及进入共和国时期后，民族运动进入新的发展阶段，开始逐步由阿拉伯民族主义转向纳赛尔民族主义。1956年以后，随着苏伊士运河战争的胜利，纳赛尔政权在国际社会声威大震。纳赛尔不仅被视为是埃及国家独立和民族尊严的象征，而且由于其声援和支持阿拉伯各国人民的反帝斗争，赢得了阿拉伯世界的广泛拥戴，俨然成了全体阿拉伯人的政治领袖，纳赛尔主义也随之由埃及民族主义转入阿拉伯民族主义。[2]阿拉伯民族主义根植于伊斯兰教的传播，而其近代民族主义思潮的产生，则是与阿拉伯人民反对外来统治，争取民族独立运动密切相连的。在埃及人民反对帝国主义、反对殖民主义的运动中，其他阿拉伯国家给予了许多支持。同时，由于埃及革命的成功，阿拉伯人民将其视为阿拉伯世界的楷模。

在1952年以后埃及的宪制运动及其宪法内容中，阿拉伯民族主义原则贯穿始终。1956年《宪法》第1条明确宣布"埃及人民是阿拉伯民族的一部分"。[3]1971年《永久宪法》规定"埃及人民是阿拉伯民族的一部分，埃及人民为实现阿拉伯民族的整体统一而努力"，"保卫民族团结"是每个埃及公民的义务。[4]在纳赛尔时期，埃及极力倡导阿拉伯世界的广泛政治联

---

〔1〕孟庆福："1923~1952年埃及的宪制试验"，载《西亚非洲》1990年第4期。

〔2〕哈全安："纳赛尔主义与埃及的现代化"，载《世界历史》2002年第2期。

〔3〕《埃及共和国宪法》，马坚译，法律出版社1957年版，第3页。

〔4〕我国台湾地区"国民大会秘书处"资料组编著：《新编世界各国宪法大全》（第2册），"国民大会秘书处"1996年版，第1023页。

合，进而以反对帝国主义和实现阿拉伯的民族统一为己任，力求实现埃及在阿拉伯世界的领导作用。从上述宪法规定可以看出，阿拉伯民族主义是埃及宪制的指导原则和理论基础，是埃及宪制文化的一面旗帜。

（三）社会主义因素对埃及宪制发展之影响

社会主义在埃及发展的历史虽然不长，但对埃及宪制文化产生的影响却非同寻常。阿拉伯社会主义思想从 20 世纪 50 年代起成了埃及政治的精神主导，在宪制方面体现为实行了社会主义宪制，并对这一时期宪制文化的发展起到了支配性作用。

埃及人民在反对帝国主义和殖民主义的斗争过程中，曾受到许多第三世界和社会主义国家的帮助和声援，这是促使埃及选择社会主义道路的一个外部因素。而深层次原因则在于埃及的资本主义与帝国主义有着千丝万缕的联系，发展资本主义会导致埃及独立的丧失，因而埃及选择社会主义制度是"一种历史的必然"。但是，埃及的社会主义与科学社会主义有着很大的区别。埃及的领导者从埃及的国情以及自身对社会主义思想的理解出发，确立了"阿拉伯社会主义"思想。阿拉伯社会主义是纳赛尔将社会主义与埃及的阿拉伯民族主义和伊斯兰传统结合起来发展的产物，与科学的社会主义思想有着很大的差别。阿拉伯民族主义和伊斯兰教教义是阿拉伯社会主义的理论基础。阿拉伯社会主义尊重伊斯兰教，认为其是进步的宗教。同时，阿拉伯社会主义是社会主义和阿拉伯民族主义在埃及的发展与融合。

埃及在争取国家独立的过程中，受苏联和中国的社会主义思想之影响，逐步把社会主义纳入了其阿拉伯民族主义之中。《埃及 1956 年宪法》中虽然没有明确宣布社会主义思想，但已经体现出社会主义倾向。[1]1957年的“民族联盟”章程规定，该组织的目标是“致力于建设民主合作的社会主义的阿拉伯社会”。[2]1961年，纳赛尔在庆祝革命九周年的讲演中正式宣布要在埃及立即实施社会主义，并通过了《七月法令》。而1962年5月，纳赛尔召开全国人民力量代表大会，通过了《全国行动宪章》，并宣布立即成立阿拉伯社会主义联盟，这标志着纳赛尔社会主义模式已经定型。由此，埃及成为第一个奉行阿拉伯社会主义的国家。埃及和叙利亚的合并决裂后，埃及于1964年颁布了《宪制宣言》，首次确认了埃及宪法的阿拉伯社会主义性质，规定阿拉伯社会主义联盟是唯一的人民政治组织，社会主义联盟是埃及各阶级和劳动群众广泛参加的统一战线。1971年9月，埃及颁布了第一部永久宪法，正式确认了埃及宪法的社会主义性质。《永久宪法》第1条规定：“埃及阿拉伯共和国基于劳动人民的联合，为民族的社会主义国家。”这一条款表明，社会主义是埃及宪制的主导原则和精神指导。

社会主义思想不仅是埃及宪制的指导原则，而且体现在埃及宪制体制的各方面。具体而言，有以下诸方面：第一，埃及共和国的经济基础是社会主义经济制度。《埃及永久宪法》第4条规定，埃及阿拉伯共和国的经济基础为社会主义民主制度。第二，国家权力机关。阿拉伯埃及共和国的所有国家权力均属于人民，人民行使国家权力的机关是人民议会。1980年，埃及又通过了宪法修正案，决定设立协商会议，协助人民议会行使权力。在埃及的国家权力机关人民议会中，工人、农民的数量至少

---

〔1〕 上海社会科学院法学研究所编译室：《各国宪制和民商法要览（非洲分册）》，法律出版社1986年版，第19页。

〔2〕 唐大盾等主编：《非洲社会主义新论》，教育科学出版社1994年版，第90页。

占议员人数的半数。第三，劳动人民享有的民主权利的广泛性。在社会主义立宪原则的指导下，《埃及永久宪法》还赋予了埃及劳动人民广泛的民主权利。埃及人民所享有的宪制权利之完善，在其他阿拉伯民族民主国家是不多见的。

阿拉伯社会主义作为埃及的立宪原则，是埃及宪制的灵魂，对埃及宪制体制的建设和完善起到了主导作用；更为重要的是，阿拉伯社会主义与埃及的宪制实践相结合，这成了埃及宪制文化中的一大特性。

第三章
非洲国家独立之后的宪制发展与变革

非洲国家经过长期艰苦卓绝的斗争，终于赢得了梦寐以求的自由与独立。然而，急速摆脱殖民统治并没有给这片富饶的大地带来富裕、强盛和幸福，反而带来了无穷无尽的政变、独裁和贫穷。究其原因，在于很多非洲国家虽然获得了独立，资本主义制度下国家的统治形式已经自主，但非洲“殖民主义过去”的一些重要遗产仍然显著地影响着“后殖民主义时刻”。非洲著名的政治哲学先驱克劳德·阿克教授认为：“作为一个‘后殖民政府’，非洲国家的缺乏自治性加深了其在全球资本主义的多元化体系中的依赖性和边缘化地位。”〔1〕这一论断可谓一针见血，深刻揭示了非洲国家独立后长期贫穷落后的根源所在。美国的拉纳·怀利博士也指出：“现代化范式被西方和非洲的学者及官员们作为典型范式加以接受。很多非洲精英人士致力于使自己的国家‘现代化’，结果却在这个过程中破坏了许多传统的非洲制度。许多新独立的非洲国家根据这种范式努力想从政治上、经济上以及社会层面上仿效西方。这样一来，西方的影响

〔1〕［尼日利亚］耶利米·O. 阿罗窝瑟布：“非洲的社会科学与知识生产：克劳德·阿克的贡献”，张怀印编译，载《新华文摘》2011 年第 8 期。

并没有随着非洲各国的独立而停止。"[1]从政治方面看，除国家形式上的独立性外，殖民政府的"中央集权制""任意性"和"绝对性"等特征原封不动地延续到了独立后的非洲国家身上，并且仍然表现着它独裁性和排外性的特征，这使得非洲人民在经济和政治决策过程中渐渐疏远。从经济方面看，殖民主义经济的一些特征如"依赖性""脱节"和"自相矛盾"在非洲国家独立后仍然明显地体现出来。非洲国家对西方经济的依赖性在独立后并没有得到改变反而日益加深。从非洲国家独立时起，西方国家对非洲的经济援助虽然解了许多地区的燃眉之急，但也加深了这些国家对西方国家的依赖。同时，各国的独立又使得非洲国家的传统经济进一步衰败。许多接受西方现代教育的非洲国家领导人相信，非洲本土的生产方式是落后的，必须加以革除和更新。这导致引进的西方经济发展模式与非洲现实严重脱节。总之，非洲国家虽然获得了独立，但西方国家的影响不仅没有消失，反而日益增长。在诸多内外因素的合力作用下，非洲国家在独立后开始了一个长期而曲折的宪制探索历程。

第一节　非洲国家独立后的宪制发展历程

众所周知，非洲国家大多脱胎于西方国家的殖民政府。在非洲当今的55个国家中，二战之前仅有3个国家获得了独立，其余全部在遭受着殖民统治。非洲国家获得独立的途径主要有三种：一是通过和平的、渐进的宪法改革方式赢得独立，这类国家占非洲国家的绝大多数，如尼日利亚、塞拉利昂、突尼斯、

[1] [美]拉纳·怀利："撒哈拉以南的非洲：西方的影响和本土的现实"，载[美]霍华德·威亚尔达主编：《非西方发展理论——地区模式与全球趋势》，董正华、昝涛、郑振清译，北京大学出版社2006年版，第85页。

加纳、肯尼亚、乌干达、几内亚、坦桑尼亚、马达加斯加等；二是通过武装斗争获得独立，如阿尔及利亚、喀麦隆等；三是通过军事政变或者人民革命，推翻旧政权而取得独立，如埃及和刚果。新独立的非洲国家面临着生存的困难：经济上，可谓满目疮痍、民生凋敝、百废待兴；政治上，面临一个艰难的选择：是仍然维持殖民时期遗留下来的宪制体制和法律制度呢，还是探索适合自己的宪制发展之道？

一、非洲国家独立初期宪制的继承

非洲各国在独立之初最终还是继承了西方国家的宪制。仔细研究非洲各国的独立宪法，你就能发现一些特色：在英语非洲国家，它们所颁行的宪法不过是威斯敏斯特式议会制的翻版。而在法语非洲国家，其所实施的宪法也大致是戴高乐宪法所规定的总统制的翻版。当然，还有其他一些国家，它们的宪法受到美国、德国等国的影响。如利比里亚宪法，很早就受到美国宪法的影响。但这一时期，非洲各国宪法主要还是受到其原宗主国的影响较大。非洲国家为何要全盘继承西方各国的宪制呢？有人或许认为独立宪法是宗主国为其制定好的、不容选择的宪法。事实上，即便宪法制定时不是由宗主国的强烈意愿所主导，这些新独立国家在殖民时期所积累的立法经验也会引导他们模仿西方国家的宪制。毕竟，接替殖民统治者位置的精英们也高度西方化了，他们多在欧洲或美国的大学以及欧洲人在殖民地创办的大学里接受过教育。西方宪制的理念早已深深植入他们的脑海，因此，很自然的，这些国家的领导人也仿效欧洲模式制定宪法、组建政府。

对于很多英语非洲国家来说，他们大多是通过和平的宪法改革方式获得独立的，因此这些国家在殖民时期就已获得了一些立法、司法和国家行政治理方面的经验。在宪法方面，很多研究独立宪法的学者都不由发出感慨：这不是威斯敏斯特式的议会制民主的翻版吗？比如塞拉利昂的独立宪法就是威斯敏斯特模式的代表作。塞拉利昂独立时的宪制有下述五个方面的特征：[1]①国家元首不是实际的政府首脑（《独立宪法》第26条）；②实际的政府首脑是首相（《独立宪法》第58条第1款）；③首相主持由各部部长组成的内阁，各部部长的任免主要由首相决定（《独立宪法》第60条）；④政府的实际管理部门是议会，首相是立法机关的成员（《独立宪法》第58条第4款）；⑤各部部长集体或者单独向自由选举产生的立法机关负责（《独立宪法》第58条第4款和第61条）。《塞拉利昂独立宪法》的这些特征与责任内阁制和“威斯敏斯特”模式的议会制度的基本特征完全吻合。1961年10月9日，坦噶尼喀获得独立。在它的领地宪法中，我们同样可以看到责任内阁制和威斯敏斯特模式的议会制。[2]1960年的《尼日利亚独立宪法》同样是威斯敏斯特模式的议会制的翻版。这点我们将在第四节“尼日利亚独立后宪制的发展与变革”中有清楚的了解。

对于英语非洲国家而言，在它们独立之际，往往还有一个由议会君主制向议会共和制转变的过程。如《尼日利亚1960年独立宪法》确立了君主立宪制。到了1963年10月，尼日利亚决定改行共和制，废除了英国女王为尼日利亚国家元首的规定，同时废除了联邦总督和区总督。这种过渡同样是以宪制改革的形式完成的。

---

〔1〕 Bankole Thompson, *The Constitutional History and Law of Sierra Leone* (1961~1995), University Press of America, 1997, 14~15.

〔2〕 Harrison George Mwakyembe, “Tanzania's Eighth Constitutional Amendment and its Implications on Constitutionalism”, *Democracy and the Union Question*, Lit, 1995, 5~12.

英语非洲的这些独立宪法在实际运作中的效果如何呢？学者们对此众说纷纭。尼日利亚阿玛杜-拜楼大学（Ahmadu Bello University）教授冈巴利（Ibrahim Gambari）认为："'威斯敏斯特'模式的议会制度是尼日利亚第一次民主历程走向失败的重要因素之一。"[1]但是，塞拉利昂学者班克乐·汤普逊（Bankole Thompson）则认为《塞拉利昂宪法》，甚至很多英语非洲国家的宪法，是英国威斯敏斯特模式的议会民主制的受益者。[2]由此可见，这些独立宪法在不同英语非洲国家的实施效果并不相同。

在法语非洲国家，它们独立初期同样是继承了欧洲殖民者（主要是法国）留下的宪制。比如阿尔及利亚，尽管它是通过流血冲突的解放战争赢得独立的，但其独立宪法中仍然可以发现《法国第五共和国宪法》的精髓。《阿尔及利亚 1963 年宪法》第 39~59 条详细规定了国家元首执掌行政权，其称号为阿尔及利亚共和国总统，并对总统的产生、职责、职权、国民议会等都有所规定。[3]该《宪法》第 63 条和第 64 条则规定了宪法委员会的组成和职责。[4]这样，《法国第五共和国宪法》中高度权力集中的总统制以及独具特色的违宪审查制——宪法委员会等——在此都得到体现。同样，1960 年 1 月 1 日独立的喀麦隆共和国所颁布的《独立宪法》也很像是《法兰西第五共和国宪法》在喀麦隆的修订版。"这部宪法，除了它的长篇序言之外，

〔1〕 Ibrahim A. Gambari, "Constitutionalism in Africa", in Kenneth W. Thompson (ed.), *The U. S. Constitution and Constitutionalism in Africa*, University Press of American, 1990, 34.

〔2〕 Bankole Thompson, *The Constitutional History and Law of Sierra Leone* (1961~1995), University Press of America, 1997, 14.

〔3〕 中国科学院法学所编：《世界各国宪法汇编》(第 1 辑)，法律出版社 1964 年版，第 7~9 页。

〔4〕 中国科学院法学所编：《世界各国宪法汇编》(第 1 辑)，法律出版社 1964 年版，第 10 页。

同法兰西第五共和国具有显著类似之处。它规定建立一个中央集权的国家，设立一个由直接普选产生的国民议会，但不采用两院制。可是它和法兰西宪法之间最明显的类似之处是有关总统各节。同法国一样，规定喀麦隆总统是国家的元首，‘宪法的监护人’，他的职权是‘保证国家的延续性和公权的行使’。……总统任期定为五年，可连选连任；他有权任免总理并经总理建议任免各部部长。和法国一样，喀麦隆总理无需经过国民议会任命；而政府只有当它提出的信任案遭到国民议会否决，或后者通过弹劾动议的时候才被推翻。”〔1〕

二、非洲国家独立初期宪制的变革

非洲国家独立之时，人民最为渴望的就是国家尽快达到富强繁荣的局面，人们能有个安居乐业、幸福安康的生活环境。然而，这一切对于曾经长期处于水深火热之中的非洲人民又是多么奢侈啊！如前所述，他们经过民主选举产生的领导们大多是在欧洲、美国留学归来的，这些领导通常对传统的非洲威权体制不屑一顾，倾向于按照西方的模式来构建本国的宪制。这样一来，一方面，在非洲国家独立后，非洲传统的政治组织和治理结构不断遭到破坏，新产生的领导人得以从传统的首领和国王那里攫取更多的权力，直到这些首领们的权力完全依赖于政府为止。另一方面，新领导们所构建的西方模式的宪制犹如虚无缥缈的空中楼阁，难以在非洲落地。正如美国学者拉纳·怀利所说：“在非洲大部分地区，西方的政治结构往往只停留在表面，难以进行实际运作。对绝大部分的平民百姓来说，这些制

---

〔1〕［美］维克托·勒维纳：《喀麦隆——从委任统治到独立》（下册），上海外国语学院英语翻译组、上海市“五·七”干校六连翻译组合译，上海人民出版社1973年版，第483~484页。

度往往是与自己所熟悉的东西完全格格不入的。”[1]因此，非洲国家从原宗主国那里继受的宪制往往是短命的。如尼日利亚的议会民主制坚持到1966年就被军政府统治取代。于是，大多数非洲国家的新领导人在短暂推行西方民主制后，很快便又转向了威权主义制度和一党制。英国学者威廉·托多夫对非洲国家独立以来的二十多年里所呈现的发展趋势进行了较好的描述：

> 20世纪60年代，多数非洲国家呈现的一个明显趋势是从多元主义向一党制转移的权力集中化。到20世纪70年代早期，除了少数几个国家外（博茨瓦纳和冈比亚），保留多党制的国家已寥寥无几。……第二个趋势与第一个趋势有关，这就是权力不仅集中于单一的政党，而且在成为国家总统的该党领袖手中逐渐个人化。……第三个趋势，与一党制有关，但并不限于一党制，是对某种社会主义的提倡。在20世纪60年代，自称是社会主义的非洲国家数目很多，由此看来，社会主义是一个相当宽泛的概念，人们对其有着多样化的解释。……独立后的第四个趋势就是伴随着作为权力和决策中心的政党逐渐衰落，官僚权力在逐渐上升，这种趋势在军事政变泛滥之前在许多国家就已露出端倪。……独立后的另一个趋势是，众多非洲国家的文官政府被军人政权所取代。……独立后非洲政治呈现的另一个趋势是政府由联邦制和准联邦制向一元中央集权制转移。[2]

从托多夫教授的描述可以看出，在非洲国家独立的初期，

---

〔1〕［美］拉纳·怀利：“撒哈拉以南的非洲：西方的影响和本土的现实”，载［美］霍华德·威亚尔达主编：《非西方发展理论——地区模式与全球趋势》，董正华、昝涛、郑振清译，北京大学出版社2006年版，第85页。

〔2〕［英］威廉·托多夫：《非洲政府与政治》，肖宏宇译，北京大学出版社2007年版，第6~11页。

主要是20世纪60年代，非洲宪制所呈现的变化主要在三个方面：一是非洲国家由多元主义向一党制转变以及随之产生的权力的高度集中和个人化；二是文官政府为军人政权所取代；三是非洲国家对社会主义制度的提倡。非洲社会主义宪制是独立后非洲国家宪制探索的一个重要方面，笔者将在下一节进行深入的探讨。本节主要探讨向一党制和军人政权转变的问题。

（一）非洲国家由多元主义向一党制的转变

非洲国家在独立之时，曾有很多国家实行竞争性的两党制或者多党制。但建国后不久，很多国家开始改行一党制，如肯尼亚、塞拉利昂、喀麦隆、坦桑尼亚等很多国家都是这种情况。肯尼亚1963年独立时有两个主要政党：肯尼亚非洲民族联盟［the Kenya African National Union（KADU），简称“肯盟”］和肯尼亚非洲民主联盟［the Kenya African Democratic Union（KADU），简称“民盟”］。在1963年的大选中，肯盟获胜成为执政党，作为最大在野党的民盟深受选举失利的打击。1964年，民盟并入肯盟。〔1〕1966年，肯盟发生分裂：作为肯盟副主席和国家副总统的奥金加·奥丁加（Oginga Odinga）因政党政策问题退出肯盟，另外组建“肯尼亚人民联盟”（Kenya People's Union，KPU）。1968年，肯尼亚人民联盟被取缔，奥丁加被逮捕，〔2〕政府从此不再允许在执政党外建立新的政党。从此，肯尼亚成了事实上的一党制国家。坦噶尼喀在1961年独立时曾存在坦噶尼喀非洲民族联盟（the Tanganyika African National Union，KADU）和非洲大会党（the African Congress）两个政党。

---

〔1〕 Jennifer A. Widner, *The Rise of a Party-state in Kenya: From "Harambee" to "Nyayo!"*, University of California Press, 1992, 55~57.

〔2〕 Kibuta Ong' wamuhana, "Party Supremacy and the State Constitution in Africa's One-Party States: The Kenya-Tanzania Experience", *Third World Legal Studies*, Volume 77, 1988, 80.

1963 年 1 月，坦噶尼喀非洲民族联盟中央执行机构作出决议，提倡一党制。随后，非洲大会党被宣布为非法社团，其领导人被判处三年监禁。[1] 1977 年，坦噶尼喀非洲民族联盟和桑给巴尔非洲设拉子党合并成为坦桑尼亚革命党，开始实行一党制。

当然，也有很多国家走向一党制是与军人政权有关的。这些国家的文官政府被军人政权推翻，重新建立了新的政党作为唯一合法的政党。属于这种情况的国家有扎伊尔、马达加斯加、马里、多哥等很多国家。

随着很多国家由多元主义转向一党制，国家的权力逐渐集中到作为国家最高领导的政党主席手中。这种趋势的缺陷是显而易见的：在某些情况下，如 1960～1966 年间的加纳和黑斯廷斯·卡穆祖·班达（Hastings Kamuzu Banda）时的马拉维，权力的个人化使得权力集中于总统自己的办公室，从而损害了其他各部，或者总统完全垄断了决策，对其他可行性政策不予理睬，把总统个人的想法上升为官方的意识形态。[2] 这种党政合一的国家体制不仅对非洲国家独立后的宪制发展造成了极为不利的影响，而且对非洲经济发展造成了严重的打击。

（二）文官政府为军人政权所取代

独立后非洲国家宪制发展的另一趋势是军人政权的出现。1960 年，刚果（利）发生非洲国家独立后的首次政变，刚刚民选上台的卢蒙巴总理被推翻，后来惨遭杀害，在非洲引起了极大震动。1963 年 1 月，比多哥退役军官埃亚德马为首的青年军

---

〔1〕 J. S. R. Cole & W. N. Dension, "Tanganyika－the Development of its Laws and Constitution", *Stevens & Sons*, 1964, vii; Also see Kibuta Ong' wamuhana, "Party Supremacy and the State Constitution in Africa's One－Party States: The Kenya－Tanzania Experience", *Third World Legal Studies*, Volume 77, 1988, 81～84.

〔2〕［英］威廉·托多夫：《非洲政府与政治》，肖宏宇译，北京大学出版社 2007 年版，第 6～7 页。

人发动政变，推翻了文官政府，并将总统奥林匹欧杀害于美国大使馆门前。同年，刚果（布）、贝宁等也发生了军政权推翻文官政府的政变。1966 年 1 月 15 日，伊博族军官发动军事政变，推翻文官政府，成立了以陆军司令伊龙西（Aguiyi Ironsi）为首的军政权。同年 7 月，豪萨族军官发动政变，伊龙西被杀，陆军参谋长雅库布·戈翁（Yakubu Gowon）出任军政府首脑。这一时期非洲军事政变的特点之一是军事政变次数多、范围广。在 20 世纪 60 年代非洲国家纷纷独立的 10 年间，40 多个非洲国家中，至少有 30 个国家发生过军事政变或严重的军事暴乱。在 1963 年以后的十几年中，黑非洲国家爆发的政变达 30 多次，平均每年至少 2 次。[1]

军事政变使很多非洲国家的宪制发展进程遭受了严重的挫折。在军政权国家，往往废止宪法的实施，解散议会和政党，实行军政府的独裁统治。但是，并非所有军政权都应该受到谴责，有些军事政变的发生对于宪制的延续有着积极的意义。如尼日利亚 1979 年 2 月 13 日发生军事政变未遂，但军政权首脑穆罕默德遇难，由最高司令参谋长奥卢塞贡·奥巴桑乔（Olusegun Obasanjo）接任国家元首。他继续执行上届政府关于“还政于民”的政治纲领，召开制宪会议，通过新宪法，解除党禁，并于 1979 年 7 月 ~8 月间举行全国大选，产生文官政府。奥巴桑乔这次“还政于民”的举措深受人民称赞，也为他日后选举成为总统积累了声誉。

在非洲国家独立初期，我们发现这一时期的宪制发展进程有下列几个特点：①脱胎于原宗主国的宪制体制。前已述及，殖民时期宗主国的宪制体制对非洲国家独立后的宪制模式选择

---

〔1〕 葛佶主编：《简明非洲百科全书（撒哈拉以南）》，中国社会科学出版社 2000 年版，第 204 页。

和构建有着决定性的影响。②重视人权保护。这点从非洲国家的独立宪法中可以看出。大多数非洲国家的宪法中，几乎都有专章规定“基本人权和自由”，并设立了违宪审查机制来保障宪法的实施。

第二节　非洲国家独立后的社会主义宪制探索与实践

第二次世界大战以后，民族独立运动以雷霆万钧之势席卷非洲大陆。从1951年到1980年的30年内，有47个非洲殖民地附属国摆脱西方的长期殖民统治，[1]跻身于世界独立国家之林。到20世界60年代初，非洲民族解放运动达到高潮，大多数非洲国家取得了民族独立，并纷纷宣称奉行社会主义发展道路，其中包括独立较早的埃及、突尼斯、加纳、几内亚和新独立的阿尔及利亚、马里、塞内加尔、刚果、肯尼亚、乌干达、坦桑尼亚、赞比亚和马达加斯加，共13个国家。[2]这些奉行社会主义的非洲国家大多制定了宪法，确立了“社会主义”思想指导下的宪制实践。当然，这些社会主义宪制实践与苏联、中国、古巴等相比，有其各自的独特性。虽然20世纪80年代末以来，非洲社会主义宪制实践纷纷受挫并走向失败，但这些独具特色的宪制历程是人类社会主义宪制发展历史中的重要一页。在当前的国际环境下，坚持马克思主义立场，重新回顾这段历史，探讨社会主义宪制在非洲的实践情况及其特点，分析其中存在的问题，对于我国社会主义宪制的建设，仍有相当重要的参考

〔1〕 高晋元：“试论战后非洲的民族独立战争”，载《西亚非洲》1986年第5期。

〔2〕 唐大盾、徐济明、陈公元：《非洲社会主义新论》，教育科学出版社1994年版，第50页。

价值。

一、非洲社会主义宪制产生与发展的历史背景

对于非洲国家独立后为什么要走上社会主义道路，国内外学者已有充分的探讨。笔者认为，非洲国家之所以在独立后选择社会主义道路，是和当时特定的经济、政治和国际环境分不开的。

（一）经济背景

非洲国家经过长期的斗争后，虽然在形式上获得了国家独立，但是长期的殖民统治不仅造成非洲国家的贫穷、落后，而且独立后在经济上对西方国家的依赖性仍然很强。殖民时期，宗主国利用对殖民地国家的政治统治地位使得非洲国家在经济上成为西方国家的附庸，从而确立了畸形的经济体制。这种畸形的经济体制对独立后的非洲国家造成了极大的伤害："第一，出口作物的片面发展，严重影响了撒哈拉以南非洲国家的粮食生产，导致粮食不能自给，其经济对世界市场的依赖程度越来越深。第二，非洲的缺粮问题因非洲国家不重视粮食生产、人口增长过快等因素的影响而日益严重。第三，采矿业的畸形发展，导致其他工业企业的发展极为缓慢。第四，殖民主义者对于非洲国家经济关键部门的控制和垄断使非洲国家丧失了经济自主权，从而使非洲国家在经济和政治上更加成为帝国主义的附庸。第五，殖民地经济的畸形发展，造成非洲国家的经济发展水平逐步落后于其他国家和地区，工业基础、农业基础十分薄弱，国民经济整体实力减弱，经济发展后劲不足。"[1]

---

〔1〕 葛佶主编：《简明非洲百科全书（撒哈拉以南）》，中国社会科学出版社2000年版，第325~326页。

（二）国际环境的影响

二战之后非洲国家走上社会主义道路，与当时这些国家所处的国际环境有很大的关系：

首先，世界社会主义潮流的影响。20 世纪 50 年代末 60 年代初，非洲国家独立之际，世界社会主义发展正处于高潮，社会主义国家在世界上已成为一股重要的力量。当时处于社会主义阵营核心地位的苏联和中国所领导的人民解放事业和社会主义建设如日中天，取得了相当大的成就，给非洲国家产生了深刻的影响。塞内加尔总统桑格尔曾经说，中国人找到了适合于他们国家的社会主义道路，为我们提供了榜样。〔1〕1959 年 11 月，突尼斯总统布尔吉巴在苏联《真理报》撰文说："目前，我正在亲自研究共产主义国家的某些经济部门的经验，特别是农业集体化的经验，以便今后把这一切经验应用于突尼斯。"〔2〕坦桑尼亚实行乌贾马社会主义。他在农村中实行乌贾马的组织形式。这固然源于其传统的村社制度，但在一定程度上也受到中国人民公社的影响。坦桑尼亚建设社会主义的一些指导思想，例如自力更生建设国家的思想、以农业为基础的思想等，也或多或少地受到了中国的影响。〔3〕

其次，苏联一些非洲问题学者的研究为非洲国家选择社会主义道路提供了理论支持。当时，苏联一些非洲问题学者提出了"非洲社会主义"和"非资本主义"发展道路的理论。他们认为，社会主义制度的一些基本原则早已存在于传统的非洲社

---

〔1〕 唐大盾、徐济明、陈公元：《非洲社会主义新论》，教育科学出版社 1994 年版，第 35 页。

〔2〕 唐大盾等：《非洲社会主义：历史·理论·实践》，社会科学文献出版社 2007 年版，第 148 页。

〔3〕 唐大盾、徐济明、陈公元：《非洲社会主义新论》，教育科学出版社 1994 年版，第 36 页。

会，非洲国家在独立后只要恢复和发扬这些基本原则，就可以绕过资本主义社会，直接进入社会主义社会。〔1〕

二、非洲的社会主义宪制实践

在摆脱殖民统治并获得独立之后，非洲大部分国家在两大阵营对立的情况下选择了社会主义道路，开始了社会主义法制建设。作为根本性法律，宪法成了非洲各社会主义国家法制建设的重点。

绝大多数非洲国家都是在群众运动的基础上，通过渐进的"宪法改革"，以和平道路取得独立的，如加纳、几内亚、马里、塞内加尔、坦桑尼亚、赞比亚、乌干达、肯尼亚、马达加斯加和突尼斯等。〔2〕这些国家在原宗主国的干预下通过宪法改革，以法律的形式逐步确立自己的独立。为什么要制定宪法呢？对于1960年《加纳宪法》的制定，恩克鲁玛政府的白皮书中透露出了他的动机："制定宪法的目的是为了在加纳建立一个坚强、稳固、得民心的政府，以便有助于加纳实现建立一个非洲国家和领地联盟的目的。使在加纳以外与加纳人民有种族、家庭和历史纽带联系的民族，加入一个统一的国家。"〔3〕

在实行社会主义制度的过程中，大部分的非洲社会主义国家都颁布了社会主义性质的宪法。比较有代表性的有下列几个国家的宪法：加纳于1960年6月29日制定社会主义宪法，1960年7月1日实施，加纳共和国国民议会和总统恩克鲁玛在1964

〔1〕吴清和：《列国志：几内亚》，社会科学文献出版社2005年版，第104页。

〔2〕唐大盾："非洲社会主义的由来和发展"，载《西亚非洲》1985年第5期。

〔3〕陈仲丹：《加纳——寻找现代化的根基》，四川人民出版社2000年版，第170页。

年2月22日批准了一条宪法修正案。马里共和国于1960年9月22日制定了社会主义宪法。坦桑尼亚尼雷尔执政时期在1962年11月1日制定宪法，宣布走社会主义道路，与桑给巴尔联合后，分别于1965年、1977和1979年又制定了宪法，始终坚持社会主义方向。埃及在纳赛尔执政时期于1963年9月10日、1965年6月19日、1971年9月分别颁布了社会主义宪法，建设社会主义。阿尔及利亚在本·贝拉和布迈丁执政时期于1962年7月和1976年11月9日也分别颁布了社会主义性质的宪法。在布尔吉巴执政时期，突尼斯的宪法于1957年7月25日制定，1959年6月1日颁布施行，成为突尼斯的社会主义建设纲领。

此外，利比亚(1951年10月7日、1969年9月,卡扎菲执政时期)、几内亚(1958年9月28日,塞古·杜尔执政时期)、索马里(1960年6月31日,西亚德·巴雷指政时期)、塞内加尔(1963年,桑戈尔执政时期)、肯尼亚(1963年,乔莫·肯雅塔执政时期)、毛里求斯(1968年)、民主刚果(1969年,蒙博托执政时期)、苏丹(1972年1月、1973年)、赞比亚(1973年,卡翁达执政时期)、安哥拉(1975年)莫桑比克(1978年)、多哥(1980年,多斯桑托斯执政时期)都颁布了社会主义宪法、进行社会主义宪制建设。[1]这些国家颁布的宪法主要涉及了公民的基本权利和义务、国体和政体、政党制度、国籍制度、基本经济制度和司法制度等方面的内容。

三、非洲社会主义宪制实践的特点

（一）立法思想以社会主义为指导

非洲社会主义宪制的特点之一是各国宪法在立法指导思想

---

〔1〕 陈公元、唐大盾：《非洲社会主义初探》(油印本)，1991年版，第81页。

上以社会主义为指导。如前所述，非洲很多国家在20世纪60年代以后纷纷走上社会主义道路，同苏联、东欧国家一样，他们在宪法的立法指导思想上坚持社会主义的崇高理想。这些国家可以分为以下两种类型：其一，部分国家在宪法中明确提出了社会主义的指导思想。如《埃及宪法》第1条规定："阿拉伯埃及共和国是以劳动人民联盟为基础的民主和社会主义制度的国家。埃及人民是阿拉伯民族的一部分，努力实现阿拉伯民族的全面统一。"无独有偶，1969年12月11日利比亚通过的新的《临时宪法》第1条第1款规定："利比亚是一个民主自由的阿拉伯共和国，主权属于人民，利比亚人民是阿拉伯民族的一部分，其目标是实现阿拉伯的全面统一。"《宪法》同时规定："《宪法》的另一目标是在利比亚民主主义和伊斯兰教的基础上实现社会主义。"〔1〕《突尼斯宪法》也坚持了社会主义的指导思想。20世纪60年代初，布尔吉巴提出"新宪法党的社会主义思想"，主张在宪法制度下建立社会各阶级和阶层的联合，社会各群众组织在执政党领导下结成联合阵线；在经济上摆脱殖民主义阶级的控制和影响，建立民族经济体系，大力发展国家资本。〔2〕其二，部分国家坚持社会主义的指导原则。1963年9月7日公布的《阿尔及利亚共和国宪法》序言也指出："忠于阿尔及利亚革命全国委员会在的黎波里通过的纲领，阿尔及利亚民主人民共和国开始根据社会主义原则和以农民、劳动群众和革命知识分子为先锋队的人民有效执掌政权的原则，致力于国家建

〔1〕 上海社会科学院法学研究所编译室编译：《各国宪制制度和民商法要览：非洲分册》，法律出版社1986年版，第220页。

〔2〕 杨鲁萍、林庆春：《列国志：突尼斯》，社会科学文献出版社2003年版，第72页。

设。”[1]由此表明，阿尔及利亚宪法也接受了社会主义的原则。此外，在20世纪60年代，非洲其他社会主义国家，如贝宁、肯尼亚、坦桑尼亚等也都高举社会主义旗帜，在宪法的立法指导思想方面接受社会主义之影响。

（二）宪制难以摆脱西方宗主国宪制之影响

非洲社会主义宪制的另一特点是宪法制度难以摆脱西方原宗主国宪法之影响。众所周知，非洲国家在20世纪五六十年代纷纷走向独立自主，但在法律制度，尤其是宪法制度上仍然没有摆脱西方原宗主国之影响。自16世纪以降，非洲国家长期受到西方国家的奴役，其法律制度已经被深深打上了西方原宗主国的烙印。而这在深受意识形态影响的宪法制度方面更是如此。在宪法制度的构建上，非洲社会主义国家的宪法制度大多继承了原宗主国的宪法模式。首先，非洲社会主义国家往往按照西方近现代“三权分立”的指导思想，设立国民议会、国家元首（总统）和最高法院，实现立法、行政和司法三种权力的相互制衡。其次，非洲社会主义国家的宪法中往往会保留原宗主国所特有的宪法制度。如1963年《阿尔及利亚共和国宪法》中设置的宪法委员会制度，就是受到了其原宗主国法国之影响。《阿尔及利亚共和国宪法》第63条第1款规定：“宪法委员会由最高法院院长、最高法院的民事和行政法庭的庭长、国民议会制定的三名议员和共和国总统指定的一个成员组成。”[2]此外，该宪法中有关最高委员会、国民议会和宪法委员会的设置等内容都可以在《法国1958年第五共和国宪法》中找到原形。

---

〔1〕 中国科学院法学所编：《世界各国宪法汇编》（第1辑），法律出版社1964年版，第1页。

〔2〕 中国科学院法学所编：《世界各国宪法汇编》（第1辑），法律出版社1964年版，第10页。

（三）实行一党制与高度中央集权的管理体制

非洲社会主义宪制的特点之三是实行一党制和高度中央集权的管理体制。如前所述，非洲国家在独立之时大多完全继承了殖民时期宗主国为其安排好的宪制体制，如尼日利亚接受了英国的议会君主制，后改为议会内阁制。然而，很快发现这些西方国家留下的宪制体制无法适应非洲各国国情。很多国家通过种种途径改行一党制，或者保留多党而实际上为一党长期执政。前者有加纳、埃及等很多国家，后者则如肯尼亚等国。在实行社会主义制度的国家，这种现象尤为典型和突出，很多国家通过实行一党制，进而确立了党国一体化的高度中央集权的管理制度。如 1963 年《阿尔及利亚宪法》第 23～26 条对“民族解放阵线”的地位、职责等作了规定：第 23 条：“民族解放阵线是阿尔及利亚的先锋队单一党。”第 24 条：“民族解放阵线确定国家的政策，并激励国家的行动。它监督国民议会和政府的活动。”第 26 条：“民族解放阵线实现民主和人民革命的目标，在阿尔及利亚建设社会主义。”这三条内容表明：民族解放阵线是阿尔及利亚唯一的政党，在国家政治生活中处于核心位置，它可以确定国家政策，监督国民议会和政府的活动。通过建立一党制，确立党在国家中的这种突出地位，大多数社会主义国家确立了党国一体化的高度中央集权的管理制度。

（四）发展迅速，寿命短暂

非洲社会主义宪制的特点之四是存在寿命不长。在非洲各国颁布的众多社会主义宪法中，埃及宪法的寿命可谓最长，从 1964 年起到现在，埃及宪法一直坚持社会主义的指导思想。[1]

---

〔1〕 1964 年《宪法》根据纳赛尔的社会主义思想，规定埃及是“一个建立在劳动人民理论联盟基础上的社会主义民主国家”。参见杨灏城、许林根：《列国志：埃及》，社会科学文献出版社 2006 年版，第 144 页。

而其他社会主义国家的宪法则往往难以长寿。如阿尔及利亚的社会主义宪法是1963年9月8日由公民投票通过的。到1965年布迈丁上台后即停止实施该宪法，取而代之的是布迈丁的“三大革命”的思想和理论。[1]西非小国贝宁自1974年起走上社会主义道路，至1989年起在非洲率先发生转变，于1990年12月2日经民主公投，产生了新宪法草案，实现了其宪法变革。[2]其后，非洲众多社会主义国家因为受到诸多因素的影响，纷纷发生变革，实现了政治民主化转变。总之，非洲社会主义宪制可谓昙花一现，寿命极为短促。那么，为何其会昙花一现，迅速走向衰落呢？笔者将在下一部分进行深入的分析。

四、非洲社会主义宪制存在的问题

（一）经济基础薄弱，受制于前宗主国及发达国家的经济援助

独立之后，非洲国家虽然收回了各种所有权，但是经济命脉依然掌握在原宗主国手中，不能自主地发展自己的产业，始终摆脱不了对原宗主国的依附地位。例如，几内亚的最大矿产资源铝矾土仍然控制在外国大公司手中。外国公司拥有几内亚铝矾土的51%，而几内亚只能分得纯利润的65%。即使在阿尔及利亚这样的国家，外国资本主义势力，特别是法国的势力仍然是不可低估的。

贝宁、刚果在独立初期，经济仍然在很大程度上依赖于原宗主国法国。刚果石油生产的70%～80%被法国和意大利控制。贝宁、刚果都属于法郎区，其所使用的货币（非洲法郎）由受法国银行控制的非洲银行发行。贝宁、刚果出口贸易收入的

〔1〕 赵慧杰：《列国志：阿尔及利亚》，社会科学文献出版社2006年版，第113页。

〔2〕 张宏明：《列国志：贝宁》，社会科学文献出版社2004年版，第92页。

35%归本国支配，而65%的外汇收入则用于优先购买法郎区成员国提供的设备、物资。贝宁、刚果在获得独立前后与法国的关系虽曾一度恶化，但随着经济上联系的加强，两国与法国的关系在随后几年又大有改善，法国进而成为对刚果提供援助最多的国家。[1]

（二）宪制体制存在弊端

如前所述，非洲国家独立后逐渐转变为一党制，大多社会主义国家确立了党国一体化的高度集中的宪制体制。这种宪制体制对刚刚独立的非洲国家而言，有其合理性，可以充分发挥集体的力量，集中力量发展经济，在建国初期的经济建设中发挥了一定的作用。然而，随着时间的推移，一党制和高度集中的宪制体制的弊端也逐渐暴露出来。刚果的马里安·恩古瓦比在1968年7月31日发动政变上台后，公开宣称奉行马克思主义的科学社会主义理论。他组建“刚果劳动党”，宣称刚果劳动党是“马克思列宁主义的政党”，是“刚果工人阶级的先锋队”。该党执政后，开展了激进的社会主义试验：建立了“人民政权”；对石油、保险等行业实行大规模的国有化运动，并优先发展国有企业；开展了一系列“彻底化运动”。[2]这一系列措施不仅没有解决刚果当时存在的政治经济矛盾，反而加重了刚果的经济负担，激化了社会矛盾，最终导致了恩古瓦比被刺身亡。几内亚的塞古·杜尔在上台后也实行一党制。根据1958年11月10日制定的几内亚独立后的第一部宪法，行政、立法和司法的大权都集中在一个凌驾于宪法之上的机构——统一党，即几内

---

〔1〕 杨荣绅：“对刚果、贝宁经济的一些看法”，中央党校政治经济教研室研究资料；中国科学院法学所编：《世界各国宪法汇编》（第1辑），法律出版社1964年版，第45页。

〔2〕 唐大盾等：《非洲社会主义：历史·理论·实践》，社会科学文献出版社2007年版，第256~264页。

亚民主党的手中，宪法条文对此只字未提。[1]但从宪制实践看来，几内亚实行的是一党制。由塞古·杜尔领导的几内亚民主党成为几内亚唯一合法的政党，并很快发展为党政合一和党国一体化的政权形式与政治体制，几内亚民主党也被推上了领导地位并置于宪法之上。1982 年颁布的第二部宪法更强调党国合一的国家体制，以法律形式把党国合一写进了宪法。宪法规定要在几内亚建立党和国家一体化的政体。[2]在确立了其个人集权统治后，杜尔不顾几内亚的国情，在经济上大搞国有化运动、大力推行农业集体化，限制并取缔私人经济，导致几内亚经济日益恶化，造成了严重的后果。当然，一党制并非是所有非洲社会主义国家的特征，但实行一党制的非洲社会主义国家往往会在一定时期内走上高度集权的道路，采取激进的、机械的经济发展策略，不仅没有发展经济，反而使得本国经济形势日趋严重。

（三）未能将社会主义与本国国情相结合

这些奉行社会主义的国家在刚刚独立之时，农业基础薄弱，工业也没有发展起来，整个国民经济处于一个极端低下的水平。但是这些国家的领导人不顾本国的具体国情，制定超乎实际的政治政策，盲目地搞工业国有化、农业集体化，限制小商品者的生产经营，严厉限制私有制的发展，导致国民经济的停滞甚至倒退。在政治上搞一党制，建立高度集中的中央集权体制，严重束缚了政治体制的发展。

例如，贝宁、刚果等国在建国初期盲目地搞国有化，不结

〔1〕［德］约阿希姆·福斯：《几内亚》，复旦大学、上海师范大学《几内亚》翻译小组等译，上海译文出版社 1978 年版，第 141 页。

〔2〕吴清和：《列国志：几内亚》，社会科学文献出版社 2005 年版，第 122 页。

合本国的具体实际，因此出现了一系列的问题：在接管外资企业后，只能按行政命令的办法管理企业。不计成本、不讲经济核算、不考虑经济效益、管理混乱、劳动效率低、机构臃肿、人浮于事、劳动纪律松弛。非洲国家兴建和接管的外资企业，机器、设备和某些原料几乎全部依赖进口。设备磨损，零配件损坏，本国也不能生产。此时，工厂往往会因零件缺货，或因资金不足、难以订货而被迫停产或部分停产。因此，不少国营企业长期亏损，依靠国家补贴或借外债维持。

财政是经济的反映，财政困难根源于经济困难。由于农业生产萎缩，国营企业亏损，财政收入不多，开支却很大。例如刚果行政机构庞大，公职人员占总人口的36%。工资延续了殖民统治时期官员的标准。刚果政府最高工资为50万非洲法郎（有人说为100万法郎）。而且，社会福利开支大，普遍实行公费医疗，中小学义务教育，大学生助学金为3万非洲法郎，高于最低工资。这种开支，对一个经济不发达国家来说，是难以承受的。所以后来，许多社会主义国家纷纷改制，或者选择了资本主义道路，或者对本国经济进行重大调整，依然宣称坚持“社会主义”。

第三节　20世纪80年代非洲国家的宪制变革

一、社会主义宪制实践的衰落

20世纪80年代以来，非洲国家的经济发展遭遇了严重的困难。除了加纳、博茨瓦纳和毛里求斯等少数国家之外，其余国家的经济形势普遍恶化。1980~1988年，非洲大陆的收入和消费水平每年下降2%，就业率下降16%，人均国内生产总值在20世纪80年代初为854美元，20世纪80年代末降至565美元。

1978 年工业、矿业的增长率为 7.5%和 7.2%，1988 年降至 4.9%和 4.7%。同期非洲进出口增长额分别由 9%和 11.2%降为 3%和 3.8%。尼日利亚、赞比亚等国由中等收入国家降为低收入国家，非洲最不发达国家的数目由 17 个增至 28 个。[1]

严重的经济困难导致社会动荡、政局不稳。非洲社会主义宪制实践也遭遇困境。1984 年 3 月 26 日，奉行社会主义的塞古·杜尔总统去世之后，4 月 3 日，当时的陆军参谋总长兰萨纳·孔戴发动不流血的军事政变上台执政，从此开始了几内亚的军人政权时期。[2]从此，社会主义宪制在几内亚不再被提起。同样，1985 年 4 月 4 日，苏丹国防部长兼武装部队总司令阿卜杜勒·拉赫曼·苏瓦尔·达哈卜（Abdel Rahman Swar al-Dahab）宣布军队接管政权，成立由军官组成的过渡军事委员会［Transitional Military Council（TMC）］。[3]社会主义宪制实践在苏丹同样遭受挫折。

二、军人文官化与文官政府的恢复

所谓“军人文官化”就是在军政府军人当权派的严格控制下，向着民选政府过渡，整个过程都由执政的军政权掌握。首先，军政权创立自己的政党；然后，制定宪法，开放党禁；最后，设法通过竞选获胜，继续执政。[4]军人文官化是非洲政坛

---

〔1〕 葛佶主编：《简明非洲百科全书（撒哈拉以南）》，中国社会科学出版社 2000 年版，第 327~328 页。

〔2〕 吴清和：《列国志：几内亚》，社会科学文献出版社 2005 年版，第 122 页。

〔3〕 G. Norman Anderson, *Sudan in Crisis: The Failure of Democracy*, University Press of Florida, 1999, 14.

〔4〕 葛佶主编：《简明非洲百科全书（撒哈拉以南）》，中国社会科学出版社 2000 年版，第 212 页。

比较常见的一种过渡方式，其实质是军人通过军事政变上台，然后通过合法方式长时间把持政权。20 世纪 60 年代至 70 年代，这种由军人转为国家首脑的现象在非洲比较普遍，而且成功率较高。但是，自 20 世纪 70 年代末开始，非洲人民的宪制意识不断增强，非洲各国要求恢复文官统治的呼声甚高。同时，军队在各国的实力和影响力已经大不如前，因而，由军人向文官的转化的现象有所减少。

20 世纪 70 年代末起，非洲国家开始出现了一些军政权主动向文官政府交权的成功案例，比较典型的是加纳的罗林斯军政府和 1979 年的奥巴桑乔军政府移交政权给文官政府。1979 年 10 月，沙加里当选为尼日利亚总统，当时的军政权领导人奥巴桑乔在移交政权后，立即身穿传统的白色长袍，离开总统府，解甲归田，返回自己的家乡。1979 年 6 月 4 日，奥巴桑乔成功发动政变，推翻了腐败的阿库福军人政权。但是，他执政仅 3 个月就把政权移交给民选的利曼政府，[1] 自己仍然返回军中任职。

三、区域化人权保护体系的初步形成

自非洲国家独立时起，它们就非常重视基本人权的保护问题。这一点在非洲国家的宪法中可以得到证实。非洲国家的宪法中一般都设立“基本权利和自由”等专章规定人权问题。同时，深受战乱和殖民统治之苦的非洲国家很早就重视区域化的人权保护问题。1969 年 9 月 10 日，非洲国家就在埃塞俄比亚首都亚的斯亚贝巴签订了《非洲统一组织关于非洲难民问题的公约》，专门解决难民的人权保护和基本权利保障问题。1981 年 6 月，

---

〔1〕 张怀印、胥胜超：“从 2008 年大选透视加纳宪制民主的发展”，载《西亚非洲》2011 年第 4 期。

非洲统一组织又在肯尼亚通过了《非洲人权和民族权宪章》,[1]初步建立了非洲的区域化人权保护体系。

《非洲人权和民族权宪章》于 1986 年 10 月 21 日开始生效。目前，所有非统组织成员国都是该宪章的缔约国，该宪章的涵盖面和影响力对非洲大陆而言都是空前的，在世界上也产生了很大的影响。该宪章既规定了公民的基本权利和政治权利，也规定了社会、经济和文化权利；既规定了个人权利，也规定了民族权和集体权。同时，为了确保这些权利在非洲受到保护，该宪章还确立其主要的执行机构是非洲人权和民族权委员会 。该委员会的主要职能包括：促进人权和民族权；保证人权和民族权在本宪章拟定的条件下受到保护；应缔约国、非洲统一组织的机构或者为非洲统一组织认定的非洲组织之请求，解释本宪章之一切条款。[2]

《非洲人权和民族权宪章》(以下简称《宪章》)吸收了联合国和其他区域性国际组织如欧洲人权公约组织、美洲人权公约组织等在人权保护方面所取得的优秀成果，并具有鲜明的区域特色：第一，《宪章》鲜明地反映了非洲传统特色，强调了非洲传统历史文化的价值，还特别地突出了民族权，首次全面、系统地将集体人权规定在区域性国际人权协定中，并将其提高到一个前所未有的地位，认为民族自决权源自人有权自由决定本国政治结构和需求政治、经济、文化发展的公理 。其次，《宪章》强调了经济、社会和文化权利的重要性，指出公民基本权利并非空洞无物，其与政治、经济、社会和文化权利密不可分，后者的实现是公民享有基本人权的基础和重要保证。《宪章》注重

〔1〕 由于该宪章最初起草于冈比亚的首都班珠尔，故又称为《班珠尔人权和民族权利宪章》，以下简称《宪章》。

〔2〕《非洲人权和民族权宪章》第 45 条。

国家在保障个人经济、社会和文化权利，以及在维护社会道德和非洲传统文化等诸多方面不可推卸的职责与义务。最后，《宪章》体现了权利和义务的一致性，不但规定了各项人权和民族权利的相关义务，还明确指出个人在享有权利和自由的同时也意味着对义务的履行。《宪章》的上述特点，充分反映了非洲各国在人权问题上的基本立场，是非洲人民通过探索人权保护的实践对世界人权事业做出的特殊贡献。

第四节　个案分析：尼日利亚独立后的宪制发展与变革

一、尼日利亚独立后曲折的宪制发展进程

自尼日利亚独立至今，其宪法已经有五十余年的发展历史。此间，尼日利亚经历了曲折的宪法发展道路，实现了由君主立宪制向共和制的转变、由地区分立向联邦制的转变以及由民选政府统治到军政府统治再回归民选政府统治的转变过程。后文中，笔者将对尼日利亚独立至今的宪制发展历程做一初步梳理。

（一）1960 年《宪法》

根据 1957 年制宪会议的决议，尼日利亚东西两区获得自治；1957 年 9 月，新联邦政府成立，首次由非洲人担任总理。根据大总督的推荐，英国女王任命巴勒瓦担任总理。[1]会上，尼日利亚各族一致要求它们的国家于 1959 年获得独立，但没有达到目的。1958 年，尼日利亚武装部队的指挥权被移交给了联邦政府，还创立了尼日利亚海军。1958 年 9 月的制宪会议解决

〔1〕［匈］西克·安德烈：《黑非洲史》（第 3 册下），杭州大学外语系译，上海译文出版社 1980 年版，第 449 页。

了上次会议遗留下的少数民族问题，警察、联邦政府与各区政府之间的权力分配问题。[1]同时，英国政府表示，如果尼日利亚联邦会议提出独立要求，英国政府将同意尼日利亚从 1960 年 10 月 1 日起独立。同时批准了经过修改的宪法。该宪法规定，这部新的尼日利亚宪法从尼日利亚独立之日正式生效。

1960 年《宪法》（又称《独立宪法》）规定，尼日利亚是一个联邦制国家，联邦会议由英国女王、联邦参议院和联邦众议院组成。该宪法确立了君主立宪制的政体。

1963 年 10 月，尼日利亚决定改行共和制，废除了英国女王为尼日利亚国家元首的规定，同时废除联邦总督和区总督，设立联邦总统为国家元首（阿齐克韦担任尼日利亚首任总统）；联邦总理主持的内阁政府作为国家的行政机构；联邦议院为国家立法机构。这样，大体形成了总统与总理作为国家元首和政府总理、众议院为国家立法机构、联邦法院为国家司法机构的三权分立的联邦共和国的现代政体模式。

（二）1979 年《宪法》（《第二共和国宪法》）

1976 年，总参谋长奥巴桑乔继任为尼日利亚国家元首后表示：尼日利亚不能再重复这样无休止的军事政变，尼日利亚必须建立一个稳定的国家政治体制，找到一种保证国家政局长治久安的办法。他表示要继续推行“还政于民”的计划。1979 年奥巴桑乔政府颁布了为即将建立的“尼日利亚第二共和国”制定的新宪法。

《宪法》共 279 条和 6 条附则，包括一般规定、有关联邦主体的规定、立法机构、行政机构、司法机构等部分。[2]

---

〔1〕［匈］西克·安德烈：《黑非洲史》（第 3 册下），杭州大学外语系译，上海译文出版社 1980 年版，第 451 页。

〔2〕 See *Journal of African Law*, 1979, 147.

（1）一般规定。规定了尼日利亚联邦共和国的性质与组成、尼日利亚国家政策的基本目标与指导原则、公民的基本权利、国籍的取得与剥夺等内容。

（2）立法机构。国民大会是联邦立法机构，由参众两院组成。参议院共 96 名议员，每州 5 名，还有 1 名来自首都区域；众议院议员共 450 名，按各州人口比例分配。两院议院均由各州选民直接选举产生。

每州都有一个州议会，负责制定州的法律。

（3）行政机构。尼日利亚的行政权力划分为三级，即联邦政府、州政府、地方政府。

联邦政府由总统和副总统、各部部长以及 9 个联邦委员会组成。总统由全民选举产生，任期 4 年，可以连任 1 次；副总统和各部部长由总统任命。

各州设立总督、副总督及州执行主体。州总督由直接选举产生，任期 4 年，可以连任 1 次。宪法规定，每个州设立 4 个行政主体，即州国民生活委员会、州酋长院、州选举委员会和州司法服务委员会。[1]

（4）司法制度。尼日利亚司法系统由联邦最高法院、联邦上诉法院、联邦高等法院、州高等法院、州沙里阿上诉法院、州习惯法上诉法院和地方法院组成。

联邦最高法院对涉及联邦与各州之间的争议享有广泛的管辖权，还对来自联邦上诉法院的案件有管辖权。[2]联邦最高法院的法官由联邦首席大法官、联邦法官、各州法院首席法官共同组成。联邦首席大法官由总统任命，并经参议院批准，联邦法官在司法服务委员会的建议下，由总统任命，并经参议院批

---

〔1〕 *Journal of African Law*, 1979, 160.

〔2〕 *Journal of African Law*, 1979, 163.

准。联邦上诉法院法官的任命也要由联邦司法服务委员会推荐，并经参议院批准后由总统任命。

州高等法院法首席法官在司法服务委员会的建议下，由州总督任命，并经过州议会的批准。州沙里阿上诉法院和州习惯法上诉法院只在必要时设立。〔1〕

另外，1979 年《宪法》还涉及公共服务、政党、宪法修改、地方政府等内容。

（三）1989 年《宪法》

1985 年 8 月 27 日，尼日利亚陆军参谋长易卜拉欣·巴班吉达发动了这个国家独立以来的第六次军事政变。上台之后，巴班吉达推行了一系列的政治改革。改革涉及国家政治生活的许多方面，但其中心问题是如何使尼日利亚摆脱政治动荡不安的局面，通过向文官政府过渡并建立尼日利亚的第三共和国。改革的一项重要措施即制定《尼日利亚第三共和国宪法》。

1989 年 5 月，军政府正式颁布了《尼日利亚第三共和国宪法》。〔2〕

1989 年《宪法》包含了以下主要内容：

（1）政党。1989 年《宪法》的主要变化在于政党方面。《宪法》规定，尼日利亚将仅拥有两个政党。〔3〕

（2）第二共和国政府将实行总统制，总统任期由过去的 4 年延长到 6 年。〔4〕总统作为最高行政长官由全民选举产生。总

〔1〕 *Journal of African Law*，1979，162.

〔2〕 由于第三共和国迟迟没有建立，该宪法并未得到实施，在阿巴查将军上台后被废除，真正的《第三共和国宪法》应该是于 1999 年颁布实施的。

〔3〕 James S. Read，“ Nigeria’s New Constitution for 1992：the Third Republic”，J. A. L.，1991，177.

〔4〕 林修坡：“尼日利亚政治改革的回顾与展望”，载《西亚非洲》1993 年第 5 期。

统需要定期召开会议同副总统、各部部长会谈以决定政策指导、合作等事项。

（3）立法机构沿袭了1979年《宪法》的规定。联邦国民大会实行两院制，上院由每州派3名代表，首都区派1名代表共91人组成。下院共450人，由各州按人口比例分配。选举划分仍遵照1979年及1983年时的规定

（4）联邦政体仍为联邦制，全国行政单位被划分为联邦政府、州政府和地方政府三级。

（四）1995年《宪法》

1993年，尼日利亚民主选举无果而终，“还政于民”中途夭折，并因此而引发了全国的政治动乱和国家危机。1993年11月18日，国防部长阿巴查将军接管了政权，尼日利亚又开始了军人执政的生活。从1994年起，阿巴查政府组成新一届“尼日利亚制宪委员会”，准备制定一部新的《尼日利亚宪法》。于1年之后，在1995年10月1日尼日利亚35年国庆之际正式颁布。

阿巴查军政府制定的这部新宪法的一个突出特点是以“分区制”和“总统轮换制”的构想为核心，对“还政于民”计划和未来的第三共和国政治体制和国家结构作了如下规划：①尼日利亚实行多党制。②实行分区制基础上的总统制轮换制，将全国划分为东北、西北、西南、东南、中部、南部六大选区，尼日利亚未来的总统、副总统、总理、副总理、参议院议长和众议院议长，轮流从这六大选区的候选人中产生。总统和副总统由轮到执政资格的选区推出党派候选人，再经全国范围的选举产生。总理和副总理首先必须是议会议员，再由众议院选举并报请参议院批准后产生。参议院议长和众议院议长分别由参众两院选举产生。③这一轮流执政的制度将试行30年，6位国家领导人任期均为5年。④尼日利亚维持现行的联邦制，国家

的政治体制将继续分为地方、州和联邦政府三级。为了进一步克服地区主义和部族主义，阿巴查军政府还将尼日利亚全国的州数由 30 个增加到了 36 个，并另设了一个阿布贾联邦首都区。阿巴查军政府希望通过这一分区制与轮换制的实行，打破尼日利亚长期以来的由北方人一统天下的局面，为“权力他移”和兼顾各方利益打下了基础。[1]

(五) 1999 年《宪法》

1999 年 2 月 27 日，尼日利亚举行全国总统大选。人民民主党的奥巴桑乔以压倒性多数的得票率当选为尼日利亚第三共和国总统。1999 年 5 月 29 日，尼日利亚新首都阿布贾举行了盛大的军政府向文官政府交还政权及奥巴桑乔总统就职仪式。[2]新的《尼日利亚宪法》也于这一天正式生效。新宪法基于 1979 年制定的《宪法》并做了某些修改——尼日利亚由 36 州和 1 个联邦首都区组成。[3]

二、尼日利亚独立后宪制发展的特点

(一) 从照搬西方宪制模式到独立求索

19 世纪中叶至 20 世纪初叶，尼日利亚逐渐沦为英国殖民地，遭受英国近一个世纪的殖民统治，尼日利亚民主政治的发展不可避免地受到了英国人意志的影响。从 1923 年《宪法》、1946 年《宪法》、1951 年《宪法》到 1954 年《宪法》都是由

〔1〕 刘鸿武等：《从部落社会到民族国家》，云南大学出版社 2000 年版，第 270 页。

〔2〕 1991 年 12 月 12 日，巴班吉达政府正式宣布将尼日利亚首都从西南部几内亚湾的拉各斯迁往阿布贾。

〔3〕 “A New Constitution for Nigeria”, J. A. L. , 2000, 129.

英国总督或殖民大臣制定的。[1]因而，这些宪法所确定的宪制体制基本照搬了英国政治制度。比如，1923 年《宪法》成立了立法会议，并承认了选举代议制原则；1951 年《宪法》确立了联邦内阁制，成为 1960 年《独立宪法》中宪制的模板。作为西方民主政治成果之一的选举代议制也得到了发展。选举代议制的原则在 1946 年《宪法》中已经初步得到确认，到 1951 年《宪法》时，众议院的成员绝大多数由选举产生，1954 年《宪法》也明确规定了选举制。

进一步观察尼日利亚的《独立宪法》(1960 年《宪法》) 和 1963 年《宪法》，1960 年《宪法》确立了联邦内阁制，既有英国宪制中的内阁制，又有美国宪制的联邦制。1963 年《宪法》废除君主制而改为共和制，美国宪制对尼日利亚的影响明显加大了。然而，"这一套移植于现代西方（而不是近代西方）的政体模式与政治理想，往往与黑非洲的现实经济与社会发展水平不相适应，与独立后黑非洲在政治发展、国家构建和民族发展方面面临的首要任务或核心问题并不吻合，因而它是一种异己性的、外源的政治遗产，往往解决不了独立后非洲国家首先要解决的国家一体化、民族聚合与统一问题"。[2]

尼日利亚独立后的 44 年中，曾有 29 年的时间先后经历了 7 届军政府和 8 位军政首脑的统治。"尼日利亚唯独成功的一次是奥巴桑乔军政府于 1979 年 10 月主动地向沙加里文官政府交权，真正实现了还政于民的政治过渡。"[3]1979 年《宪法》仍然采

---

〔1〕 其具体发展过程可参见：I. James, "Nigeria -the Road to Independence", See http://nm. onlinenigeria. com/templates/default. aspx? a=137&z=41.

〔2〕 刘鸿武等：《从部落社会到民族国家》，云南大学出版社 2000 年版，第 165 页。

〔3〕 李起陵："尼日利亚还政于民向第三共和国过渡"，载《西亚非洲》1999 年第 3 期。

纳了西方的宪制体制，主要是美国的联邦制、总统制、三权分立制、违宪审查制等。但在很多方面如权力的分配、政党等方面则出于尼日利亚自己的经验。这部宪法的基本制度仿自《美国宪法》，但其规定详细完备，有 279 条之多，远远超过了《美国宪法》的内容，更多地融合了尼日利亚人的民主政治经验和传统因素。这部宪法虽然仍不够完备，但却成为 20 年后 1999 年现行《宪法》的模板，是尼日利亚宪制史上较为成功的宪法。

1983~1998 年，尼日利亚先后经历了布哈里、巴班吉达和阿巴查三届军政府的统治，是尼日利亚政治危机、经济危机和社会危机总爆发时期。从此，尼日利亚开始了对民主政治的追求与探索。

1998~1999 年，尼日利亚实施了新的还政于民，顺利完成了三级政府选举。人民民主党领袖奥巴桑乔在总统选举中获胜，成为新一届文官政府的总统。尼日利亚人重新走上了民主政治的道路。

（二）从地区主义、部族主义走向联邦主义

尼日利亚的地区主义由来已久，最早可追溯至 1914 年南北尼日利亚合并后推行的“间接统治制度”。1946 年《宪法》正式提出了在尼实现“地区分治主义”的原则和政策，将尼日利亚划分为北区、南区和西区三个部分。从此，地区主义便逐渐发展起来。[1] 1951 年《宪法》进一步明确了分区制，将全国分成北区、西区、东区、拉各斯直辖区和喀麦隆南区五部分。这样，地区主义原则作为英国殖民者“分而治之”政策的产物，逐步成了尼日利亚政治的基本特征。独立之初的宪法，也确立了以三大部族为主体的三大地区分治的联邦内阁制，也可以说

〔1〕 See “Emergence of Nigerian Nationalism”, http://countrystudies.us/nigeria/20.htm.

是一种分散的邦联体制。

独立之初，尼日利亚的地区主义和部族主义因素紧密地联系在一起。北区以豪萨-富拉尼族人为主体，西区以约鲁巴族人为主体，而东区则以伊格博人为主体。独立之后，三大地区和部族之间的矛盾渐渐显露出来。由于地区之间和部族之间在国家中的利益分配不平衡，以及某些历史积怨，三大部族之间经常发生矛盾和斗争，导致政局动荡不安，政权更迭频繁。这一点从 1967 年至 1970 年那场空前的大规模内战中可见一斑。

独立后不久发生的两次军事政变、文官政府倒台以及惨烈的比夫拉内战，使尼日利亚人看到了英国人为之设计的西式现代议会多党政治的脆弱性和不可克服的内在缺陷。同时，也看到了部族主义、地区主义在尼日利亚产生的危害。因而，这个年轻的国家要在稳定和统一的基础上生存下去，必须要找到适合于自己的政治发展模式。此时，尼日利亚民主政治与国家发展的首要任务便是克服地区部族主义的封闭与分裂倾向，将国内两百多个大大小小的部族逐渐融合成一个新的尼日利亚民族；在全体尼日利亚人中逐渐培养和塑造起一种尼日利亚的国家观念、国家意识和国家情感，形成一个现代国家生存所必需的统一的国家政治体制和具有行动能力的中央政府。〔1〕

为削弱三大地区和部族的势力，加强国家的统一性与中央政府的权威性，历届联邦政府和军政府都采取了一些有力措施，〔2〕其中之一是通过撤区建州、增设新州，以限制和削弱三大部族和原三大地区的势力。独立后，尼日利亚共进行了 6 次建州行动。1967 年，尼政府将全国由 4 个行政区分割为 12 个

〔1〕 李起陵："尼日利亚民族国家初探"，载《西亚非洲》1994 年第 3 期。

〔2〕 Ropo Sekoni，"Plus and Minus of Restoration of Regional Autonomy in Nigeria"，http://www.yoruba.org/Magazine/Summer97/F2.html.

州，1976年又扩建为19个州，1987年扩建为22个州，1991年增至31个州。1996年增至37个州并规定在1999年《宪法》中，[1]即尼日利亚共有36个州和1个首都区。通过层层划分，增设新州，缩小各州地盘，尼日利亚终于打破了独立初期三大部族三足鼎立而分天下的局面。

当然，更为重要的是历届联邦政府都为推进国家一体化，提高中央政府的权威做出了种种努力。尼日利亚联邦政府先后制定了4部宪法和一系列法令，逐步统一了全国的政治体制和法律，提高了联邦政府的领导权威。尼日利亚联邦制度也经历了从不成熟到比较成熟的发展过程，即从第一共和国的地区主义的联邦制到军政权的中央集权的联邦主义，再到第二共和国的文官联邦主义，最后又回到军政权的中央集权的联邦主义。[2]如今，尼日利亚又重新走上民主宪制道路，中央集权的联邦政府空前强大，并经历了2003年大选的考验，走上了一条较为成功的宪制发展道路。

（三）从继受英国宪制模式转向学习美国宪制模式

在尼日利亚长达80年的宪制发展历程中，英美两种宪制模式先后对尼日利亚宪制的建设与完善产生了重要的影响。复旦大学陈明明博士认为："一个国家的现代化方式在很大程度上取决于它是如何走入现代的旅途，那么，非洲国家摆脱殖民统治的不同途径决定了它们对不同政治制度的选择。"[3]对于尼日利亚而言，其独立不同于阿尔及利亚那样通过激烈的武力斗争取

---

〔1〕张佳梅、亢升："政府主导型的尼日利亚民族一体化进程"，载《西亚非洲》2002年第2期。

〔2〕Itse Sagay, "Nigeria: Federalism, the Constitution and Resource Control", http://www.itsekiri.org/2004/Nigeria/Federalismandresourcecontrol.doc.

〔3〕陈明明："泡沫政治：战后早期非洲多党民主制思考"，载《西亚非洲》1997年第3期。

得，而是在采取合法斗争致使宗主国被迫让步的情况下取得的。因此，独立之时它基本上沿袭了殖民时期的政治体制，议会、法院等现代政治机构都模仿宗主国的模式而设立。尼日利亚宪法中的若干条文甚至是直接照搬于英国宪法。尼日利亚在联邦机构的设置、分权制、人权保护等许多方面都吸收了英国宪制的模式，这主要体现在“公民基本权利”一节的设置上。正如美国哥伦比亚大学教授安杰伊·拉帕金斯基所说的：“在接连不断的尼日利亚宪法中，都有专门涉及个人权利的部分，这导源于尼日利亚第一部宪法（1960 年）中包含的权利法案。这部法案是在英国的压力下起草的，它更多地取材于《欧洲人权公约》，而不是任何美国源泉……”〔1〕英国宪制模式与尼日利亚当时的国情严重脱节，并对尼日利亚的稳定和发展造成了极大的伤害，这从 1966~1976 年的四次军事政变和 1967~1970 年大规模的比夫拉内战中可见一斑。另一方面，我们仔细观察尼日利亚独立之后的诸部宪法，又可以发现美国宪制模式对尼日利亚宪制的影响与日俱增。在 1979 年《宪法》及其以后的宪法中，我们可以发现美国宪制主义对尼日利亚宪制的深刻影响，主要体现在联邦机构的设置、总统选举产生等方面。当然，《欧洲人权公约》也对尼日利亚的宪制起到了促进作用，只是它对尼日利亚宪制建设的影响远远没有英美宪制主义那样巨大而深远。此外，我们还需注意到，现行《尼日利亚宪法》已不再全盘照搬西方宪制，在长期的发展过程中融入了各种民族因素和本民族的特殊情境，形成了独具特色、适合尼日利亚国情的民主政治体制。

---

〔1〕［美］杰伊·拉帕金斯基：“文献综述：美国宪制的域外影响”，载［美］路易斯·亨金、阿伯特·J. 罗森塔尔编：《宪制与权利》，郑戈等译，生活·读书·新知三联书店 1996 年版。

尼日利亚自20世纪70年代以来，弃英国宪制模式而采美国宪制之精要，有其深层次之原因：其一，采纳美国宪制模式适应了尼日利亚加强中央集权，推进了统一政治体制的需要。其二，采纳美国模式顺应了美、尼两国经济关系发展的需要。其三，采纳美国宪制模式还受到美国对尼日利亚政策发展的影响。

三、英美宪制主义对尼日利亚的影响

（一）英美宪制模式对尼日利亚宪制的深刻影响

1. 英国宪制模式的影响

英国宪制模式对尼日利亚影响深远。在殖民统治时期，尼日利亚的宪法（如1923年《宪法》、1946年《宪法》和1951年《宪法》）基本上是由女王任命的总督制定的，[1]这样的宪法虽然也能部分反映尼日利亚人的意愿，但主要还是体现了英国统治者的意志和愿望，因而也理所当然地照搬了英国宪制模式。尼日利亚的独立不同于阿尔及利亚那样通过激烈的武力斗争取得，而是在采取合法斗争迫使宗主国让步的情况下取得的。因此，独立之时它基本上沿袭了殖民时期的政治体制，议会、法院等现代政治机构都是模仿宗主国的模式而设立的。尼日利亚在联邦机构的设置、分权制、人权保护等许多方面都借鉴了英国宪制模式的经验。

（1）责任内阁制。责任内阁制首先出现于尼日利亚的宪法之中是在1951年《麦克弗逊宪法》中，在1960年的《独立宪法》中得到正式确立。建国之初的尼日利亚采纳了英国的责任内阁制，政府对议会负责，总统只是一个国家元首，而不是国家的最高行政长官。责任内阁制显然不适应尼日利亚当时的国

---

〔1〕 I. James, "Nigeria –the Road to Independence", http://nm.onlinenigeria.com/templates/default.aspx? a=137&z=41.

情，它“强调的是殖民时期留下的概念而不是传统法”。[1]尼日利亚在建国之初实际上是由独立性很强的三大地区构成的一个联邦制国家，三大地区的政治利益冲突和矛盾很深，同时多党派之间的竞争也加深了尼日利亚各种族之间的矛盾，对尼日利亚国家和社会的稳定造成了威胁。

1960 年，当尼日利亚经过长期的、曲折的探索和斗争，终于赢得了国家独立时，它所颁布的宪法已经深深打上了英国法律的烙印。作为英联邦的前殖民地和保护国，尼日利亚独立时并未立即脱离大英帝国。它继续留在了英联邦内，并接受了英国人为之设计的政治模式。“尼日利亚是一个英国女王作为国家元首的议会君主制国家。联邦设立参议院和众议院，作为国家最高立法机构，英国女王还是名义上的尼日利亚国家元首，尼日利亚总督由英国女王任命。”[2]

不久之后，1963 年 10 月 1 日，尼日利亚联邦改称“尼日利亚联邦共和国”，废除总督，实行共和制，成为英联邦内一个主权独立的共和国。新的《共和国宪法》中，“一名按照宪法规定产生的总统取代了总督。有关基本权利的一些规定仍然保留在《宪法》第三章内”。[3]但是，尼日利亚的宪制和法律体系仍然是以英国为蓝本的。在尼日利亚的国家机构中，“议会由总统、参议院和众议院组成”。[4]总统是宪法规定的国家元首，而不是一个行政上的国家元首。同时实行内阁制，内阁由总理和各部部长组成，内阁总理对议会负责，而不对总统负责。由此可见，

---

〔1〕［美］路易斯·亨金、阿尔伯特·J. 罗森塔尔编：《宪制与权利》，郑戈等译，生活·读书·新知三联书店 1996 年版，第 420 页。

〔2〕 The Constitution of the Federation of Nigeria, 1960.

〔3〕 上海社会科学院法学研究所编译室编译：《各国宪法制度和民商法要览》，法律出版社 1986 年版，第 321 页。

〔4〕 Article 36 of The Constitution of the Federation of Nigeria, 1963.

尼日利亚的总统制仍未摆脱英国责任内阁制的影响。

（2）“威斯敏斯特”模式的议会制度。威斯敏斯特模式的议会制度是英国宪制的一大特色，由于责任内阁制起源于18世纪的英国，英格兰（1707年以后的英国）议会一直被称为议会之母。尼日利亚学者恩瓦布兹认为，议会制有四个特征：“行政首脑是名义上的，并与政府首脑相分离；行政机构的多元性，它由以首相为首的内阁部长组成的内阁构成；议会具有行政特征；内阁部长单独或集体对议会负责。”〔1〕威斯敏斯特模式赞成建立以单一成员选区选举出的有纪律的、以多数党为基础的强有力的内阁政府。〔2〕在尼日利亚这样存在诸多部族和宗教信仰的国家中，威斯敏斯特模式的议会不能满足各部族、各地区的利益需求。而尼日利亚的宪法传统中，一直缺乏一个反对党的存在，不能在议会中形成具有竞争性的政党制度。因而，威斯敏斯特模式的议会在尼日利亚注定是要失败的。尼日利亚阿玛杜-拜楼大学（Ahmadu Bello University）教授冈巴利（Ibrahim Gambari）认为：“‘威斯敏斯特’模式的议会制度是尼日利亚第一次民主历程走向失败的重要因素之一。”〔3〕

英国宪制模式与尼日利亚当时的国情严重脱节，并对尼日利亚的稳定和发展造成了极大的创伤，这从1966~1976年的4次军事政变和1967~1970年大规模的比夫拉内战中可见一斑。〔4〕因

---

〔1〕 B. O. Nwabueze, *A Constitutional History of Nigeria*, C. Hurst & Co. (Publishers) Ltd. 1982, 97.

〔2〕 ［英］戴维·米勒、韦农·波格丹诺编：《布莱克维尔政治学百科全书》，邓正来译，中国政法大学出版社1992年版，第519页。

〔3〕 Ibrahim A. Gambari, “Constitutionalism in Africa”, in Kenneth W. Thompson (ed.), *The U. S. Constitution and Constitutionalism in Africa*, University Press of American, 1990, 34.

〔4〕 详情可见联合国国情研究资料：http://countrystudies. us/nigeria/23. htm.

此，尼日利亚很快走上了借鉴美国宪制发展经验的道路。

2. 美国宪制模式的影响

为了实现国家的稳定与发展，尼日利亚人一直在寻求民族统一的出路进行政治体制的改革，建立一个中央集权的国家体制。1979 年《宪法》就充分吸取了 1960~1966 年第一共和国倒台的教训，采纳美国宪制的模式，强化联邦中央政府的权力。在 1979 年《宪法》及其以后的宪法中，我们可以发现美国宪制主义对尼日利亚宪制的深刻影响，主要体现在联邦机构的设置、总统选举产生等方面。在人权保护方面，美国用国家司法体系保障人权的模式也被尼日利亚吸收了。

（1）总统制。美国对尼日利亚总统制的影响十分显著，突出表现在 1979 年《宪法》完全放弃了"威斯敏斯特模式"，有意识地向美国风格的总统制迈进。从《尼日利亚 1979 年宪法》的规定看，《尼日利亚宪法》充分吸收了美国宪法中总统制的长处。在联邦总统的选举上，"尼日利亚宪法最明显地反映了'华盛顿模式'"。〔1〕尼日利亚的总统为国家元首、最高行政长官和武装力量总司令。总统由全民直接选举产生，任期 4 年，可以连任 1 届。每位总统候选人必须提名一位竞选伙伴作为副总统的候选人。如同在美国宪法中一样，《尼日利亚宪法》也规定，可以因"执行职务中的重大不当行为"而弹劾总统和副总统。在 1979 年《尼日利亚宪法》中，何以放弃"威斯敏斯特模式"的议会制而选择了总统制呢？最重要的原因在于当时宪法的制定者有着要创设一个一元的行政首脑的强烈愿望。〔2〕而这

---

〔1〕 James S. Read, "The New Constitution of Nigeria, 1979: 'The Washington Model' ", *Journal of African Law*, 1979, 155.

〔2〕 E. Michael Joye & Kingsley Igweike, "Introduction to the 1979 Nigerian Constitution", *Macmillan Nigeria*, 1982, 121.

正是总统制的长处。尼日利亚在1979年《宪法》中选择总统制，一方面是看到了二元性的议会制不适合本国的国情，另一方面也是出于加强中央政府权力的需要。

（2）联邦制。尼日利亚是非洲国家中联邦制运行得比较成功的典型。可以说，最为持久、在某种程度上也是最有意义的美国影响就发生在联邦制领域。尼日利亚联邦制的结构与美国模式十分相似。早在殖民时期，联邦制就已经由英国引入尼日利亚。早在1960年的《独立宪法》中，尼日利亚就确立了由北区、西区和东区组成的联邦政府。[1]但是这种深受分区制影响的联邦政府徒具其名，难以适应地区主义、部族主义影响严重的尼日利亚国情，因而很快随着内战的爆发而分崩离析。1967年后，尼日利亚民主政治与国家发展的首要任务便是克服地区部族主义的封闭与分裂倾向，将国内两百多个大大小小的部族逐渐融合成一个新的尼日利亚民族，形成了一个现代国家生存所必需的统一的国家政治体制和具有行动能力的中央政府。[2]为削弱三大地区和部族的势力，加强国家的统一性与中央政府的权威性，历届联邦政府和军政府都采取了一些有力措施，[3]其中之一是通过撤区建州，通过增设新州，限制和削弱三大部族和原三大地区的势力。当然，更为重要的是历届联邦政府都为推进国家一体化、提高中央政府的权威做出了种种努力。尼日利亚先后制定了4部宪法和一系列法令，逐步统一了全国的政治体制和法律，提高了联邦政府的领导权威。尼日利亚联邦制度也经历了从不成熟到比较成熟的发展过程，即从第一共和

---

〔1〕 Article 3 of The Constitution of the Federation of Nigeria, 1960.

〔2〕 李起陵："尼日利亚民族国家初探"，载《西亚非洲》1994年第3期。

〔3〕 Ropo Sekoni, "Plus and Minus of Restoration of Regional Autonomy in Nigeria", http://www.yoruba.org/Magazine/Summer97/F2.html.

国的地区主义的联邦制到军政权的中央集权的联邦主义，再到第二共和国的文官联邦主义，又回到军政权的中央集权的联邦主义。[1]如今，尼日利亚重新走上了民主宪制道路，中央集权的联邦政府空前强大，并经历了2003年和2007年大选的考验，走上了一条较为成功的宪制发展道路。尼日利亚联邦制的持久存在表明，联邦制对有些非洲国家是可行的，甚至是必要的。

值得注意的是，尽管《尼日利亚宪法》中有许多地方借鉴了《美国宪法》的经验。但并不是说，《尼日利亚宪法》就是《美国宪法》的翻版。研究尼日利亚宪法的英国学者詹姆斯·S.理德教授认为："这部宪法（1979年宪法）仅仅在轮廓上采纳了'华盛顿模式'，在许多细节上与美国宪法不同——如权力的分配，对政党的控制——来自于尼日利亚自己的经验。"[2]

（二）《尼日利亚宪法》中采纳美国宪制模式的原因

英国宪制模式对尼日利亚宪制产生了巨大的影响，原因在于英国曾经是尼日利亚的宗主国，极容易在意识形态和上层建筑方面发挥作用。那么美国宪制模式为什么会取代英国宪制模式，左右尼日利亚政治体制的建设呢？

首先，美国宪制模式适应了尼日利亚加强中央集权、推进统一政治体制的需要。建国之初，尼日利亚国内存在的错综复杂的民族与文化差异，地区间、民族间经济与社会发展的不平衡，以及由此引起的种种矛盾与冲突都对这个国家的生存及发展构成了挑战。因而，历届政府都注意到要削弱传统部族势力而加强中央政府的权力，扩大中央政府对于国家政治经济生活

---

〔1〕 Itse Sagay, "Nigeria: Federalism, the Constitution and Resource Control", http://www.itsekiri.org/2004/ Nigeria/Federalismandresourcecontrol.doc.

〔2〕 James S. Read, "The New Constitution of Nigeria, 1979: 'The Washington Model' ", *Journal of African Law*, 1979, 166.

各领域的影响与干预。[1]同时，尼日利亚逐步把独立初期地区主义的联邦制改为中央集权制的联邦制，追求有利于国家一体化的联邦特性，即反映各部族、各地区、各集团和各阶层的利益。1979 年及其以后的《尼日利亚宪法》采纳了美国的总统制，强化了联邦政府的权力，削弱了地方部族酋长的权力以及地方政府的权力，平衡了各部族之间的力量对比，促进了各民族间的融合与国家的一体化。

其次，政治精英对美国宪法的学习与实践。冈比亚学者苏雷曼·S. 杨认为："美国宪法在特定领域对非洲的影响有两条途径，第一，它通过后殖民地的非洲政治精英们，第二，它间接地通过英国，因为无论威斯敏斯特模式或是美国模式都有一个共同的可以回溯到英国的祖先。"[2]在尼日利亚，许多政党的领袖如阿齐克韦就是美国留学回来的。1938 年前，有 20 名尼日利亚学生（其中包括阿齐克韦）留学美国。二次世界大战爆发前一年（1938 年），又有 12 名尼日利亚人赴美深造。新去的 12 名学生中，有 8 名是阿齐克韦的追随者，系真正的爱国者（全是伊格博族人），他们就读于林肯大学（像阿齐克韦早年一样），积极参加美国和加拿大非洲学生协会的组织和活动。[3]这些人留美回国后成了青年运动的组织者和政治运动的领导者。这样一批留美人士，作为尼日利亚政坛的精英把美国宪法的精神应用到了对尼日利亚宪法的制定和实施上，成了美国宪制精神在

---

〔1〕 张佳梅、亢升："政府主导型的尼日利亚民族一体化进程"，载《西亚非洲》2002 年第 2 期。

〔2〕 Sulayman S. Nyang, "The Impact of U. S. Constitutionalism in Africa: A Gambia Case Study", in Kenneth W. Thompson (ed.), *The U. S. Constitution and Constitutionalism in Africa*, University Press of American, 1990, 90.

〔3〕 [匈] 西克·安德烈：《黑非洲史》(第 3 册下)，杭州大学外语系译，上海译文出版社 1980 年版，第 57 页。

尼日利亚的传播者。

再次，从美国与尼日利亚两国关系的发展看，采纳美国模式顺应了美、尼两国经济关系发展的需要。尼日利亚是撒哈拉以南非洲最大的新兴民主国家，其人口众多，经济在周边地区占主导地位，是西非地区稳定的重要因素。更为重要的是，尼日利亚的石油资源异常丰富，目前已经探明的储量超过 250 亿桶。多年来，美国从尼日利亚进口的石油占美国石油进口总量的 8%。[1]可见，发展同尼日利亚的关系对美国而言是何等的重要。

最后，受美国对尼日利亚政策发展的影响。事实上，自 1960 年尼日利亚独立时起，美国就比较重视发展同尼日利亚的关系，为尼日利亚的尼日尔水坝等建设项目提供援助，并向尼派去了“和平队”，逐步扩大在尼的影响。随后的年代里，美尼两国关系一直比较冷淡。到了卡特政府上台后，决定调整对尼日利亚的关系，其重要原因有两个：一是遏制苏联，二是进口尼日利亚石油。两国的经济往来日益密切，到 20 世纪 70 年代末，尼日利亚已经成为美国在非洲仅次于埃及和南非的第三大商品出口国。1977 年，尼日利亚国家元首奥巴桑乔应邀访问了美国，卡特总统于 1978 年专程回访了尼日利亚。从美国与尼日利亚经济、政治关系的发展进程看，尼日利亚 1979 年及 1999 年的宪法之所以采纳美国的宪制模式，可以说既是加强中央集权的需要，又是两国关系改善与发展的产物。

---

〔1〕 李文刚：“美国对尼日利亚的政策”，载《西亚非洲》2002 年第 6 期。

第四章

20 世纪 90 年代以来非洲国家的宪制变革

20 世纪 80 年代末开始，国际政治格局发生了巨大的变化：随着席卷全球的第三波民主化运动，苏联解体，东欧社会主义阵营发生剧变，纷纷进行多党制民主改革。同时，20 世纪 80 年代非洲国内经济形势的恶化也使得这些国家内部积怨甚大，要求改革的呼声日益高涨。在这样的国际国内背景形势下，非洲很多国家启动了当代宪制改革的步伐，这次变革的特点是由一党制改为多党制，由军政府转变为多党竞选产生的文官政府。〔1〕

最早开始宪制改革的是北非的阿尔及利亚。自独立后阿尔及利亚就一直坚持实行“社会主义”制度，由于得天独厚的石油和天然气资源，独立后的阿尔及利亚经济得到很大的发展。但是在 20 世纪 80 年代后期，随着国际石油价格的持续下跌，阿尔及利亚经济陷入困境，连续几年出现负增长，人民生活水平陷入困境。再加上一党专制弊端的日益显现和政府的严重腐败行为，激发了民众的不满情绪，终于在 1988 年爆发了“十月骚乱”事件，即这年 10 月初，在首都阿尔及尔出现要求改善生活条件、提高工资待遇的示威游行，继而发展成为更严重的政治骚乱，随后演变为全国性的政治动乱。在严峻的形势压力下，阿尔及利亚当政者被迫做出了进行政治改革的承诺。1989 年 2

〔1〕 朱重贵：“非洲的政治变革：由一党制改行多党制”，载《西亚非洲》1995 年第 1 期。

月，经全民公投通过了宪法修正案，删除了原有宪法中的实行社会主义和民族解放阵线党是国家唯一政党和领导力量的规定，决定实行多党制。此后，在阿尔及利亚全境，政党如雨后春笋般出现，年底将近40多个政党宣告成立，其中有22个政党申请注册，获得批准成为合法政党的有14个。

1990年初，贝宁第一个开始在西非进行多党制民主宪制改革。20世纪80年代后期，贝宁出现了全国性的政治、经济和社会危机，由此引起了示威游行、罢工、罢课等群众运动并在1989年达到了高潮。在国内外压力下，克雷库政府被迫做出妥协，进行宪制改革。在1989年底，宣布放弃马列主义，推行多党制。1990年2月，召开由社会各阶级、各阶层代表组成的全国有生力量会议，该大会还成立了以反对派索格洛为首的过渡政府。同年年底，贝宁举行公民公投通过了实行多党制和三权分立原则的新宪法。1991年3月，举行总统和议会选举，索格洛正式当选为总统。贝宁宪制改革的成功，在西非原法属殖民地国家引起了连锁反应，各国纷纷开始宪制改革，如修改宪法、开放党禁、举行议会和总统选举等。截至1990年，在非洲29个一党制国家中有18个已经实行或宣布实行多党制为主要内容的宪制改革，如贝宁、加蓬、科特迪瓦、莫桑比克等，还有尼日利亚和几内亚等国正在或准备筹组政党，还政于民。

1991年开始，宪制改革浪潮逐渐成为非洲政治的主流。肯尼亚的莫伊政府在内外压力之下不得不修改宪法，实行多党制，并组织在1992年举行了总统大选。同样，赞比亚、喀麦隆、马里、加纳、毛里塔尼亚、安哥拉、刚果等进行以多党制为基础的总统选举。1995以后绝大多数非洲国家已经建立了以多党制为基础的宪制，此后宪制改革在空间上的扩展开始减缓，但并未结束。进入21世纪以后，非洲仍有不少国家在进行宪制的探索与改革，如 2003 年开始的赞比亚宪制改革、2010 年的肯尼亚宪法修改、2005 年的埃及宪法修改等等。

从西方宪制的视角看来，20 世纪 90 年代以后，非洲的宪制民主有了根本性的好转，是人类民主事业的重大进步。然而，非洲宪制果真如此完美吗？若是，那又如何看待偶尔发生的军事政变？如何看待非洲国家总统任期的无限延长？又如何理解当今北非正在发生的宪制剧变呢？笔者以为，非洲的宪制改革还远未结束，非洲各国的选举民主已经日趋成熟，宪制也在不断完善，但非洲各国依然要结合自己的传统治理模式，学习西方宪制，找到一条适合自己的宪制发展之道。换言之，受诸多因素的影响，非洲宪制改革事业依然任重道远，面临着一定的困难和挑战。

第一节　20 世纪 90 年代以来非洲宪制变革的历史背景

一、第三波民主化浪潮的推动

1974 年 4 月 25 日，葡萄牙一些青年军官发动军事政变，推翻了统治 35 年之久的独裁政府。这场政变无意中成了一场世界性民主运动——第三波民主化浪潮[1]的开端。在此后的 15 年中，这一波民主浪潮变成了一种全球性的浪潮。大约有 30 个国家从威权主义转向了民主政治，至少还另有几十个国家受到了

〔1〕 第三波民主化浪潮由美国乃至世界政治学界的巨擘——塞缪尔·亨廷顿在其《第三波——20 世纪后期民主化浪潮》一书中提出，对 1974 年至 1990 年间的全球性民主化实践进行研究。

民主浪潮的冲击。[1]

进入20世纪80年代后，斯大林模式给苏联政治、经济、社会带来的沉疴痼疾日益凸显。1980年上台的美国总统里根又发起新一轮的军备竞赛，给苏联领导人造成很大压力。苏联的新一代领导人意识到在经济实力和军事装备上同美国相比存在较大差距，于是在1985年3月戈尔巴乔夫继任苏共中央总书记后，开始对苏联的集权体制进行根本改革。1991年8月19日，苏联又发生了副总统亚纳耶夫等人企图推翻戈尔巴乔夫的未遂政变。虽然政变失败，但是在苏联引发了一系列连锁反应：随后，苏共在全国范围内的活动被禁止，一些加盟共和国甚至宣布苏共非法或将其解散。1991年12月25日，苏联国旗在克里姆林宫徐徐降下，苏联及其政治体制最终结束了其生命。

随后，东欧国家也纷纷发生变革。首先是在波兰和匈牙利打开缺口，1989年6月的议会选举中，几乎所有的波兰工人党候选人都在第一轮投票中落选，年底波兰不再称"人民共和国"。随后变革蔓延至整个东欧，1989年2月匈牙利社会主义工人党在中央全会上宣布实行多党制，随后修改宪法规定，匈牙利共和国是个独立的、民主的法治国家，体现资产阶级民主和社会主义民主的价值。捷克斯洛伐克到1989年11月底开始实行宪法改革，采用多元主义政治体制，1990年6月进行了民主选举，1993年分裂为捷克和斯洛伐克共和国两部分。1990年3月柏林墙倒塌后，民主德国的民主化进程在联邦德国的强大影响下进展迅速而顺利，于1990年3月进行了民主选举。保加利亚在1990年6月进行了自由选举，于1991年7月制定了新宪法。使罗马尼亚走上了西方式的民主道路的导火索是1989年的一起

---

〔1〕［美］塞缪尔·亨廷顿：《第三波——20世纪后期民主化浪潮》，刘军宁译，上海三联书店1998年版，第10页。

民众冲突事件，随后在 1991 年 5 月举行大选，1991 年 11 月，资本主义性质的新宪法生效。

第三波民主化浪潮具有极强的示范效应。受其影响，非洲国家自 20 世纪 80 年代末开始出现了多党制改革，并迅速在非洲扩展，成为席卷非洲的宪制改革运动。贝宁、莫桑比克、刚果、安哥拉、埃塞俄比亚等非洲国家纷纷宣布放弃马列主义或社会主义道路，推行多党制改革。

二、经济危机的加深

独立初期，非洲各国集全国之力致力于经济发展，迎来了其经济发展最好的机会。15 年的经济发展，整个非洲大陆国民生产总值平均增长超过 5%，一度被认为是“希望的大陆”。但是好景不长，由于非洲各国国内经济政策的失误以及国际因素的影响，非洲国家经济在 1975 年以来世界经济危机的打击下，开始变得一蹶不振。国民生产总值增长率由 1975 年 6%降至 20 世纪 70 年代末的 2.5%。非洲信奉马克思主义的国家，在 60、70 年代进行国有化经济体制改革，形成了集权化、官僚化的经济体制，由于这种体制过度依靠行政手段管理企业和组织生产，导致计划失误，企业失去活力，完全依赖政府财政补贴生存，对经济发展造成了阻碍。此外国家对经济发展的过度干预，致使私营工商企业发展艰难，最终造成国家经济的日益萎缩和发展停滞。

20 世纪 80 年代，非洲的经济情况更加困顿。受西方经济危机的影响，加上连年的自然灾害和非洲国家执政者的决策失误等因素，非洲国家的经济状况急剧恶化。非洲国家 80 年代的经济被称为“失去发展的十年”，在整个 80 年代，撒哈拉以南的非洲国家人均国民生产总值下降了 20%以上，最不发达的国家由 17 个增加到 29 个。人均消费水平也下降了 20%，城市的一半人口和农村的3/4人口都不同程度地受到贫困和饥饿的威胁，甚至有些国家的人民生活水平倒退了30年。雪上加霜的是非洲国家的债务也越来越沉重，全非洲的外债从1982年的943亿美元激增到1990年的2780亿美元。此外，非洲农业发展缓慢、对外贸易状况恶化、国际投资减少和国家财政赤字增加，都加剧了非洲经济的全面衰退。〔1〕

非洲国家经济形势的不断恶化和人民生活的日益贫困，激发了民众的极大不满情绪，罢工运动、群众动乱和军事政变在非洲大陆此起彼伏。再加上世界范围内的民主化浪潮影响，非洲各国内部民主化的呼声日趋高涨。各国反对党和精英人士认为唯有宪制改革是振兴非洲经济、保持社会稳定的有效手段。

三、威权主义政体的危机

非洲国家独立之初出于现实的政治因素考虑，多数继承了原宗主国遗留下的宪制体制，实行以两党制或者多党制为主要特征的宪制。但是由于非洲传统政治文化又与西方式的宪制民主思想的巨大差异，再加上非洲民众的国家意识和公民意识淡薄，“多党制”的宪制在实际运作中并不理想。在经历短暂的多党制民主实践后，很多非洲国家在20世纪60年代末至70年代中期纷纷转改行一党制，不少国家则发生军事政变，实行军政府统治。这种一党制、军政府统治和党政合一的治理制度被亨廷顿称为“威权主义政体”〔2〕。威权主义政体在20世纪70年

---

〔1〕 谈世中主编：《反思与发展——非洲经济经济调整与可持续性》，社会科学文献出版社1998年版，第22~29页。

〔2〕 关于威权主义政体的讨论很多，详见［美］塞缪尔·亨廷顿：《第三波——20世纪后期民主化浪潮》，刘军宁译，上海三联书店1998年版，第10页；［美］霍华德·威亚尔达：《新兴国家的政治发展：第三世界还存在吗?》，刘青、牛可译，牛可校，北京大学出版社2005年版，第50~54页。

代后成为非洲各国治理模式的主流。

非洲国家一党制治理模式建立的初期，对于各国经济发展起到一定的促进意义。首先，运用一党制作为国家政治权力的核心促进实现民族一体化；其次，在一党制下执政党更广泛的动员全国人民，集中优势力量，有步骤有计划地进行了国家的经济建设；最后，有效地防止外国势力干涉内政，维护非洲国家的独立和国家主权不受侵犯。然而，在一党制政治体制运行一二十年后，造成了个人独裁主义、集权专制主义盛行，而且政府也表现出了极度的缺乏责任心和透明度，进而导致了政治腐败和权力寻租等行为愈演愈烈。到了 20 世纪 70 年代末和 80 年代，威权主义政体的弊端逐渐凸显出来。

首先，高度的权力集中，党政不分。在一党制体制下，非洲国家表现出党政合一，党高于政，以党代政。如 1975 年修改后的《坦桑尼亚宪法》直接规定，执政党为国家最高权力机构，有权在重要问题上给政府以指导。1967 年《扎伊尔宪法》，1979 年 3 月《塞舌尔宪法》，加蓬于 1962 年制定的并在 1981 年和 1983 年修改的《宪法》，1982 年 5 月几内亚的《宪法》都做出了类似的规定。〔1〕

其次，军政府治理造成了非洲各国的宪制发展进程中断。一些国家的军人上台后争权夺利，内部斗争激烈，致力于提高军人物质待遇，无视经济发展，造成了经济发展停滞，人民基本权利和生活得不到保障。只有少数国家，如马里和多哥，注意军政权内部团结，在经济发展方面有一定的贡献。军政府的长期统治最终引起人民的普遍反对。

最后，绝对的权利必然导致腐败，非洲国家腐败问题严重。

---

〔1〕 陆庭恩、刘静：《非洲民族主义政党和政党制度》，华东师范大学出版社 1997 年版。

由于政治制度设置上缺乏制约和监督机制，执政者及其政党很容易走向腐败的深渊。如中非皇帝博卡撒把国家的财政部当作是自己的私人户头，可以任意提款，单就1976年其皇帝加冕礼就耗资达2500万美元。扎伊尔前总统蒙博托拥有60亿~70亿美元的存款，还不算其国外的多处房产。[1]统治集团的贪污腐败和下层人民生活的困苦形成了鲜明的对比，由此激发了民众的不满，强烈要求宪制改革，参与国家管理。

经过几十年的风雨，到20世纪80年代末，随着第三波民主化浪潮的到来，非洲国家的威权主义政体已经失去了社会基础，走上了穷途末路。

四、西方国家的干涉

20世纪80年代末苏联解体、东欧剧变后，苏联势力退出非洲，这给以美国为代表的西方政治大国推销其民主形式并进而在非洲建立多党制宪制提供了绝佳的机会，这样就可以把非洲纳入其势力范围。

冷战结束以后，利用非洲国家的经济危机，美国把“民主”列为对非洲国家进行援助的必备条件之一。1990年，美国政府明确表示，美国援助非洲的条件在原有经济体制改革和人权保障之外，要再加上第三个条件“民主”。[2]1991年，美国布什政府进一步强调对非洲国家的援助要以“实行多党民主”为代价，即将援助与政治条件相挂钩。如在埃塞俄比亚建立了“多党民主制”过渡政府后，美国即向埃塞俄比亚慷慨地提供了3亿美元人道主义援助和9400万美元的捐赠，对以加纳、坦桑尼

〔1〕 参见美联社伦敦2004年3月26日电。

〔2〕 朱重贵：“非洲政治变革的特点和面临的问题”，载《西亚非洲》1992年第5期。

亚等国家承诺进行多党制宪制改革的，则主动免除了 4.19 亿美元的债务。[1]而对肯尼亚等仍坚持原有政治制度的，美国则以中断援助为要挟，逼其就范。法国在非洲的 90 年代的民主化浪潮中也起到了特殊作用。因为多党民主首先就是从原法属殖民地国家兴起的。早在 1990 年，法国领导人就表示，其不惜一切代价支持非洲国家的民主化进程。在 1990 年法非首脑会议期间，法国总统密特朗就强调，法国对非洲国家提供援助的多少将取决于受援助国家“民主化的程度”。[2]除美、法外，英国、德国等西方强国也纷纷通过政治的、经济的手段迫使非洲国家进行宪制改革，从而走西方的多党制民主道路。[3]在 1991 年 7 月举行的西方七国首脑会议就做出了共同决议向非洲国家的经济援助和减免债务，必须同这些国家的“民主化”相挂钩的决议。

此外，西方国家还通过其控制的世界银行、国际货币基金组织等国际基金组织对非洲国家施加压力。其提供贷款或援助的条件不是实行“民主化”，就是要求为“良政”（即实行西方民主的政府）。他们认为，非洲经济的失败与缺乏民主、缺少责任的政府有直接联系。

总之，西方国家施加压力的方式是多种多样的。除经济援助、贷款和投资等作为主要手段之外，西方政治大国还利用经济制裁手段，给一党制国家的执政党在经济上造成压力，削弱其压制反对派的力量。同时也利用外交手段，借用在反对派与

---

〔1〕 徐济明、谈世中主编：《当代非洲政治变革》，经济科学出版社 1998 年版，第 41 页。

〔2〕 CSIS Africa Notes（Washington，D. C：Center for strategic and International Studies），No 115，August 30，1990.

〔3〕 Olav Stokke，*Aid and Political Conditionality*，EADI Book Series 16，Frank CASS London，1995，p. 12.

政府间进行调节的机会干涉其内政，有时甚至通过军事干预和舆论影响等途径来实现其政治目的。因为多数非洲发展中国家的经济并不理想，甚至处于贫困状态，所以他们面对西方政治大国苛刻的政治条件，也不得不接受，否则将失去优厚的经济援助，本国的经济就会陷入崩溃的境地。

第二节　20 世纪 90 年代以来非洲宪制改革及模式

进入 20 世纪 90 年代以后，非洲国家受到第三波民主化的影响，宪制与民主制度发生了前所未有的改革。纵观世界宪法史，宪法演进模式大体可以分为修改模式和解释模式两种。非洲国家大多采用宪法修改的模式完成了宪制改革。据统计，1990～2000 年间，在撒哈拉以南的 48 个非洲国家中，有 40 个实行了宪制改革，其中绝大多数国家的宪制改革出现在 1995 年之前，只有 5 个国家（喀麦隆、刚果共和国、冈比亚、尼日利亚和乌干达）是在 1995 年之后。在没有发生宪制改革的 8 个国家中，索马里和利比里亚是由于内战，苏丹由于军事政变，科摩罗和斯威士兰是出于坚决抵制，另外 3 个国家（博茨瓦纳、塞内加尔和毛里求斯）则没有明显的变化。[1]

世界银行公共管理部门的资深专家斯蒂芬 · N. 恩德瓦（Stephen N. Ndegwa）认为，这一时期非洲宪制改革的方式共有三种[2]，笔者将其概括为以下三种模式：

---

〔1〕 Stephen N. Ndegwa, "Constitutionalism in Africa's Democratic Transitions", *Taiwan Journal of Democracy*, 2005, Vol. 1, 134.

〔2〕 Stephen N. Ndegwa, "Constitutionalism in Africa's Democratic Transitions", *Taiwan Journal of Democracy*, 2005, Vol. 1, 143～145.

1. 政府主动改革型

20世纪90年代起，一些非洲国家因应民主化发展的形势，主动开启宪法修改或制定的历程。这一类国家有尼日利亚、喀麦隆、多哥、坦桑尼亚和赞比亚等，它们通过由政府主动修宪立宪、举行多党选举，最终实现宪制体制的稳步改革。尼日利亚总统巴班吉达在1989年5月3日宣布废除党禁，允许政党成立，并着手制定新宪法，最终于1999年5月实现由军政府向文官政府的转变，并于7月18日经公民投票通过新宪法。然而，尼日利亚1999年的《第五共和国宪法》颁布以后，引起了各界人士的评论。众多批评中最尖锐的一个问题指向了宪法自身的正当性与合法性问题。伦敦大学国王学院法学院学者奥古维沃（Tunde I. Ogowewo）指出：1999年《尼日利亚宪法》是由军政府制定的，没有人民的参与，因而不能代表人民的意志。这样的宪法是不合法的，他提出应当对1983年军事政变的策划者进行起诉，并宣布1999年《宪法》无效。[1]面对来自学术界的批评和社会各界的舆论，尼日利亚政府没有无动于衷或消极对待，而是采取了积极回应的态度。首先是尼日利亚联邦司法部长、检察总长阿贾布（Kanu Agab）参加了1999年由非政府组织机构“民主与发展中心”在尼日利亚首都阿布贾召开的宪法和民主法制会议，并表示要竭尽全力去启动修改宪法的进程。[2]这一举动表明了尼日利亚政府对宪法改革工作的决心和重视。随后，尼日利亚政府在同年10月19日成立了总统技术委员会，以审查1999年《宪法》存在的问题。该委员会工作了1年零5个

---

〔1〕 Tunde. I. Ogowewo, “Why the Judicial Annulment of the Constitution of 1999 is Imperative for the Suvival of Nigeria's Democracy”, *Journal of African Law*, 2000, (2) 150~152.

〔2〕 Otive Igbuzor, “Constitution Making in Nigeria: Lessens for Making a People's Constitution”, http://www.cdd.org.uk/cfcr.

月后，于2001年2月提交了一份审查报告。2003年10月30日，尼日利亚政府对国民会议联合委员会进行重组，并要其重新审查1999年《宪法》。虽然，这两个委员会工作的结果不能尽如人意，但尼日利亚政府对待宪制困境的积极态度令众多学术精英和各界人士感到欢欣鼓舞。

无独有偶，南部非洲小国赞比亚自独立时起就为制定一部完善的宪法而不断求索，至今已历经4次宪法改革，分别是：1973年、1991年、1996年和2003年宪法改革[1]，其中最持久、最具影响力的是自2003年启动的这次宪法改革。1996年赞比亚的宪法修改因缺乏公众参与，没有采纳民众的意见而为反对党和公众所诟病，赞比亚各政党在2001年大选中纷纷许诺在获胜后要立即组成新的修宪委员会，重新对赞比亚宪法进行修订。正是在这种背景下，2001年大选中获胜的总统姆瓦纳瓦萨（Levy Mwanawasa）根据2003年第40号法令设立了由威拉·蒙翁巴（Wila Mung'omba）担任主席的修宪委员会。修宪委员会于2003年4月17日成立，姆瓦纳瓦萨总统对此非常重视。他在任命仪式上发表的讲话指出："修宪委员会的成员是经过与各界协商确定的，其活动是在赞比亚国内实现良政、宪制和法治的重要举措。一部良好的宪法将促进这个国家的新兴民主，确保国家的和谐与和平。"这表明了非洲部分国家领导人对民主和宪制的认识和态度。在2003年8月至2004年9月之间，修宪委员会在全国150余个选区召开了公共会议，听取民众对修宪的看法。为到达一些偏远、难以行走的地方，他们甚至寻求赞比亚空军的帮助。为了解在国外生活的赞比亚人的观点，修宪委员会设立了一个网站，并公布了电子邮箱。此外，他们还通过赞比亚

[1] Simson Mwale, "Constitutional Review: the Zambian Research for an Ideal Constitution", http://www.jctr.org.zm/downloads/simsonafcast.doc, 2012-2-2.

驻各国的使馆将各种信息资料散发到国外。经过一年的艰苦工作，修宪委员会共收到 12 569 份意见书。其中 5203 份是口头的，7366 份是书面的。随后，2005 年 6 月 29 日，赞比亚修宪委员会公布了中期报告和宪法草案，广泛征集国家机关和个人的意见，并进行整理。同年 12 月 31 日，修宪委员会在总统府向总统姆瓦纳瓦萨递交了新宪法草案及最终报告。新宪法草案建议召开国民修宪代表大会和全民公决的方式通过新宪法，同时提出在总统选举中候选人必须获得 50%以上的选票才能当选总统。新宪法草案得到了多数反对党的支持，并一致要求在 2006 年的全国大选之前通过新宪法，但姆瓦纳瓦萨总统以政府缺少资金为由，拒绝召开国民修宪代表大会。赞比亚的宪法修改工作遂陷入停顿。在 2005 年~2007 年间一年多的时间，由于姆瓦纳瓦萨总统和反对党派、市民团体间的意见不统一，赞比亚的修宪工作一直处于停顿之中。双方争议的关键在于采取何种方式通过新宪法，其核心是确保新宪法的制订过程是由人民来主导而非政府。到了 2007 年 7 月，修宪活动终于有了转机。在赞比亚党际对话中心（the Zambia Centre for Inter-Party Dialogue）的协调下，各政党代表联合举行的会议最终达成一致意见，同意采取国民制宪会议的方式来通过新宪法。按照这一决定，赞比亚议会于 2007 年 8 月 31 日通过了第 19 号法案《国民制宪会议法》（National Constitutional Conference Act，19 of 2007）。2007 年 12 月 19 日，虽然遭到反对派以及部分非政府组织的抵制，赞比亚国民制宪会议仍在总统姆瓦纳瓦萨的主持下在卢萨卡召开。出席国民制宪会议的 460 名赞比亚各界代表在赞比亚首席大法官萨卡拉（Ernest Sakala）的主持下宣誓就职，他们将在今后 4 个月至 6 个月内以新宪法草案为基础讨论制定新宪法。国民制宪会议的成功召开，标志着4年前启动的修宪程序进入实质性阶段。[1]随后，由于赞比亚议会进入休会期、2008年8月总统姆瓦纳瓦萨的病逝以及10月份的总统大选，国民制宪会议进入休会期。赞比亚新总统班达于2008年11月就职，他上台后面临的一项重要任务就是赞比亚宪法改革问题。2011年9月23日，赞比亚新总统萨塔宣誓就职，赞比亚宪制改革的事业依然任重道远。

2. 市民社会推动改革型

与此同时，一些国家的宪制体制在市民社会的推动下发生改革。1989年12月，贝宁总统克雷库（President Mathieu Kérékou）宣布放弃社会主义道路，解散贝宁人民革命党，同时取消党禁，在非洲率先实行多党民主制改革。1990年2月，“全国有生力量会议”在科托努召开。政府代表及贝宁国内各种势力的代表500余人出席了会议。会上政府代表和反对派代表在“全国会议”的议题、任务和权限等问题上产生了严重分歧。最终在会议筹委会主席多苏教授（Robert Dossou）和“全国会议”的主席团主席德苏扎大主教（Bishop Isodore de Souza）的劝说下，克雷库总统做出让步。1990年2月26日，全国有生力量会议以绝对多数通过“宪法委员会”提出的政治报告即“全国会议”决议，其要点为：（1）在贝宁实行多党民主政体和经济自由政策。（2）废除1977年根本法（即宪法），成立“制宪委员会”负责起草新宪法，并在1990年底提交全民公决。（3）解散“全国革命代表大会”（即议会），成立临时立法机构——“共和国最高参议院”代行过渡时期的立法权，并由德苏扎任主席。（4）保留克雷库的总统职位，但限制其在过渡时期的权力（克雷库丧失大部分实权，其中包括不再担任国防部长）。（5）设立

---

〔1〕 新华网2007年12月19日讯。

总理职位，推举尼塞弗尔·索格洛出任过渡政府总理并由其组成过渡政府。(6) 更改国名，将“贝宁人民共和国”改为“贝宁共和国。”[1]1990 年 12 月贝宁举行全民公投通过新宪法。这种以不流血冲突的方式完成新旧政权及其体制的更迭的“民主复兴”，被西方国家称为“贝宁模式”。贝宁模式在法语非洲国家取得了很大的成功。在贝宁的影响下，1991 年 6 月，多哥总统同意举行全国会议（National Conference）[2]，并在反对派的推动下开始了宪制改革的进程。

3. 政府推进与市民团体推动改革二者结合型

非洲国家宪制改革的第三种类型是政府推进与市民团体推动二者结合型，它既源于政府对宪制体制的主动改革，又需要市民团体的大力推动。这一类型的典型代表国家是肯尼亚、乌干达、津巴布韦。1991 年 12 月 10 日，在国际社会的强大压力下，肯尼亚国民会议讨论并通过了 1991 年《第 2 号宪法修正案》，删去了 1982 年《宪法》第 2A 条款关于肯尼亚为一党制国家的条文，允许反对党合法存在。[3]肯尼亚从此在法律上完成了从一党制向多党制的转变，标志着肯尼亚宪制改革的进程正式开始。[4]此后，肯尼亚宪制改革进展缓慢。后来，在市民社会的推动下，肯尼亚加快了宪制改革的步伐，并最终形成了《肯尼亚 2005 年宪法草案》。

---

〔1〕 关于会议的组织准备、进程及其决议，详见［法］阿菲兹·D. 阿达蒙：《贝宁民主复兴：全国有生力量会议与过渡政府》（第一部分），巴黎阿马丹出版社 1995 年版，转引自张宏明：《列国志：贝宁》，社会科学文献出版社 2004 年版，第 90~91 页。

〔2〕 John R. Heilbrunn, “Social Origins of National Conferences in Benin and Togo”, *The Journal of Modern African Studies*, Vol. 31, No. 2 (Jun., 1993), 278.

〔3〕 David Throup, “Elections and Political Legitimacy in Kenya”, *Africa*, Vol. 63, No. 3, 386.

〔4〕 张怀印：“肯尼亚宪制改革述评”，载《西亚非洲》2007 年第 6 期。

在整个宪制改革的进程中，宗教团体、市民社会团体和党际议会团的协调和推动作用功不可没。早在1994年，以律师和宗教界人士为主的市民社会团体就发起了宪制改革运动，他们在教堂内举办讨论会，利用戏剧、漫画等形式进行宣传鼓动，并提出“样板宪法建议”。正是他们的活动促使肯尼亚领导人下决心支持建立党际议会团（IPPG），从而把宪制改革进程纳入议会轨道。[1]2000年6月，一些教会领导人同肯尼亚反对党、法律协会和市民团体一起，组成了乌奋加马诺集团（Ufungamano Initiative），发起成立了以欧齐·奥姆巴卡（Oki Ooko Ombaka）为主席的“肯尼亚人民委员会”（the People's Commission of Kenya），从事民间的修宪活动。[2]

非洲国家为何在短期内发生了如此巨大的宪制改革呢？学界一般将之归因于第三波民主化的影响。[3]实际上，非洲国家之所以发生宪制的改革，有着极其深刻的历史背景和根源。我们可以从两个方面来分析其原因。①内部因素。20世纪80年代末期开始，受到苏联和东欧民主改革的影响，民主因素在非洲国家内部逐渐生长。在许多非洲国家内部，反对党和国内市民社会、宗教团体要求宪制改革的呼声日益高涨。埃及的民众团体保护非政府组织、工会、行业协会、体育协会、企业家联合会和宗教团体等非政府性志愿组织自1990年起就开始了频繁的活动。20世纪90年代初，贝宁、尼日尔、加蓬、多哥等许多国家都发生过人民要求宪制改革的示威游行活动，反对派的呼声也日渐高涨。②外部因素。美国和欧洲等西方援助国的强大压

〔1〕 高晋元：“肯尼亚多党政治能走多远”，载《西亚非洲》2000年第1期。

〔2〕 The Report of the Constitution of Kenya Review Commission, 2002, 1.

〔3〕 Richard Joseph (ed.), *State, Conflict, and Democracy in Africa*, Lynne Rienner Publishers, Inc., 15；徐济明、谈世中主编：《当代非洲政治变革》，经济科学出版社1998年版，第58页。

力常常是导致宪制改革的重要原因。由于一党专制和长期的军事政变，非洲大多数国家经济危机严重，财政赤字不断增长，对欧美等西方援助国的依赖与日俱增。而西方援助国则常常以实行多党民主制作为提供经济援助的政治诱饵。肯尼亚独立之后一直采取了亲西方的政策，是黑非洲国家中接受西方援助最多的国家之一。西方国家对肯尼亚的援助大约占其受援总额的95%，1990年之前平均每年达近10亿美元，约占肯尼亚年预算的25%。[1]由此可见，西方国家的经济援助对肯尼亚经济的发展是极为重要的。正因为如此，当西方国家向肯尼亚推销其多党制受到挫折时，便挥舞起经济制裁的大棒。丹麦政府率先宣布，由于该国援助款项被大量贪污、浪费，丹麦政府将停止对肯尼亚的援助。随后，1991年11月26日，12个援助国组成的巴黎俱乐部和5个国际金融机构决定对肯尼亚的援助中止半年(总额达3.5亿美元)。[2]西方援助国的强大压力对肯尼亚产生了重要的影响，是促使肯盟决心实行宪制改革的关键性因素。

第三节 20世纪90年代以来非洲宪制改革的内容

20世纪80年代末，非洲民主宪制改革发端于北非的阿尔及利亚和西非的贝宁，之后便迅速扩展至全非洲。从此，非洲国家的宪制发生了前所未有的变革，其规模之大、影响之深远都是史无前例的。这次宪制改革的浪潮席卷了非洲大多数国家，至今都在持续进行之中。非洲各国的宪制改革主要体现在政党制度、议会制度、政府组织形式和人权保护等方面。

---

〔1〕 新华社内罗毕1991年12月1日电。

〔2〕 贺文萍：《非洲国家民主化进程研究》，时事出版社2005年版，第300页。

一、政党制度

政党制度的改革是20世纪90年代以来非洲宪制改革的最重要特点之一。直到1989年，一党制都被认为是非洲政党制度的主流。到1989年初，非洲51个国家中实行一党制的有27国——超过总数的一半，实行多党制的12国（未计算1990年3月独立的纳米比亚，但包括南非），军人或无党派人掌权的12国。[1]但是，自1989年开始，先是阿尔及利亚、贝宁等国从一党制转向多党民主制，随后又有许多国家加入到了政党制度改革的行列，纷纷从一党制或者军政府转为多党制。在非洲的政党改革过程中，鉴于不同情况，政党改革可以分为以下几种类型：

第一种类型，“自上而下”的政党制度改革模式。20世纪90年代的多党制民主风潮来临时，具有政治远见的原执政党及其领导人审时度势，敏锐的感知宪制改革势在必行，于是主动修改宪法，开放党禁，实行多党制。最为典型的是坦桑尼亚。20世纪90年代初多民主风潮初临非洲大陆时，原执政党坦桑尼亚革命党领导人尼雷尔就觉察到宪制改革势在必行，坦桑尼亚实行多党制是必然的。于是在1990年2月，他发起了全国性的有关坦桑尼亚是否实行多党制的讨论。1990年，继任的总统姆

---

〔1〕 1989年初非洲一党制国家有：安哥拉、贝宁、布隆迪、喀麦隆、佛得角、刚果、吉布提、赤道几内亚、埃塞俄比亚、加蓬、几内亚比绍、科特迪瓦、肯尼亚、马拉维、马里、莫桑比克、卢旺达、圣多美和普林西比、塞舌尔、塞拉利昂、索马里、坦桑尼亚、多哥、赞比亚、扎伊尔、阿尔及利亚、苏丹。多党制国家有：博茨瓦纳、科摩罗、埃及、冈比亚、莱索托、马达加斯加、毛里求斯、摩洛哥、塞内加尔、南非、突尼斯、津巴布韦。军政府和无党派国家有：布基纳法索、中非、乍得、加纳、几内亚、利比里亚、毛里塔尼亚、尼日尔、尼日利亚、乌干达、利比亚、斯威士兰。参见肯尼亚《每周评论》1990年5月28日，第10页，转引自高晋元：“非洲的多党制潮流初析”，载《西亚非洲》1990年第5期。

维尼开始调查民众对未来国家政体的意见，并派团出国考察西方发达国家的民主政体运作情况。1992 年 2 月，坦桑尼亚革命党召开全国特别代表大会，通过实行多党制的草案。同年 5 月，坦桑尼亚国民会议通过《宪法修正案》，明确提出坦桑尼亚是多党民主制国家，实行多党制。在 1995 年 10 月进行的多党选举中全国有 13 个政党参加。〔1〕以这种模式改革实现多党制民主宪制的国家还有塞内加尔、津巴布韦、突尼斯、加纳等。其共同的特征是：原执政党主动求变，积极地进行宪制改革，建立多党制，政局稳定。

第二种类型，“博弈对抗”型的政党制度改革模式。20 世纪 80 年代由于国内政治经济危机严重，民众的宪制改革呼声高涨，反对派发动民众并积蓄足够的政治力量来有效对抗陷入政治危机之中的执政党及其政府，原执政党及其政府不断地做出妥协、退让，最终同意进行政党改革。如在肯尼亚，自从 1982 年施行一党制以来，国家内部积累的社会矛盾颇多。20 世纪 90 年代的多党民主风潮登陆非洲后，在肯尼亚国内迅速形成了强大的反对派力量，要求修改宪法，实行多党制。但是莫伊及其政府坚持一党制，继续把持政权，并对反对派领导人采取逮捕、监禁等严厉的镇压措施。〔2〕结果反对派发动了更大规模的群众运动，特别是在 1990 年 7 月，因政府出动军警镇压反对派的群众集会，从而导致骚乱并且迅速蔓延到全国。为了平息此次骚乱，回应国际的压力，莫伊及其领导的政党被迫作出妥协，于 1991 年 12 月 2 日召开“肯盟”全国特别代表大会，提出修改

〔1〕 贺文萍：《非洲国家民主化进程研究》，时事出版社 2005 年版，第 109～110 页。

〔2〕 David W. Throup & Charles Hornsby, *Multiparty Politicas in Kenya*, Oxford, 1998, 340～343.

1982年《宪法》，实行多党制。同年12月10日，肯尼亚国民议会讨论通过了1991年《第2号宪法修正案》，删除肯尼亚为一党制国家的相关条款，实行多党制。由此在国内外的压力下肯尼亚算是完成了法律上的多党政治改革。经历此类型政党改革的国家主要有科特迪瓦、多哥、贝宁、加蓬、赞比亚、马拉维、尼日尔等。其主要特征是：执政党本身不愿意进行宪制改革，实行多党制，但是迫于国内和国际压力，被迫做出妥协与退让，修改宪法，实现了一党制向多党制的转变。

第三种类型是，"自下而上"的政党制度改革模式。原执政党及其领导人在20世纪90年代的民主化运动中顽固不化，坚持原有体制，拒绝进行多党制宪制改革，导致反对党以武力推翻原执政党的政权，而后进行政党改革。如埃塞俄比亚、乍得、索马里等国，都是反对党通过武力，推翻原执政党的政权，迫使原执政党下台，从而重新组织政府，进行宪制改革，实行多党制。如埃塞俄比亚，1991年5月，埃塞俄比亚人民革命民主阵线的武装力量占领首都，其一党制结束。同年7月成立临时政府。1994年12月制宪会议通过新宪法，规定埃塞俄比亚实行多党制。这种模式的主要特征是：反对党武力推翻原执政党的政权后，上台组织政府并进行多党制改革。

二、选举制度的改革

随着非洲国家的多党制改革，非洲国家的选举制度也发生了较大的变化。在西方的民主语境中，选举往往被视为实现民主的重要手段之一。约瑟夫·熊彼特开创了这种程序性民主界定的开端。他说："民主的方法是为做出这支决定的一种制度安排，在这种制度安排中，个人通过竞取人民手中的选票而得到作出决定的权力。”[1]遵循这一传统，亨廷顿对20世纪的政治体制民主与否的评判标准就是看其中最有影响的集体决策者是否通过公平、诚实和定期的选举产生，在这种选举中候选人可以自由地竞争选票，而且基本上所有的成年人都可以参加选举。[2]按照这一标准，非洲国家的选举制度在20世纪90年代后可谓发生了根本性转变。自1990年开始，非洲至少有30多个国家引入了竞争性的多党选举制度，在2000年一年，非洲就有24个国家举行多党选举。到目前为止，非洲大多数国家的多党选举已经举行了3次~4次，有少数国家举行了5次多党民主选举。下面我们将对非洲国家独立后的选举和20世纪90年代以来的竞争性多党选举进行比较，以期更好地认识其中的变化。

（一）非洲国家独立后的选举

选举制度不是非洲的政治传统，它随着殖民主义治理的发展而逐步产生。第二次世界大战以后，殖民地的宪制改革进程就是由定期选举推动的。如英属殖民地的加纳、尼日利亚、肯尼亚、北罗德西亚、乌干达等就曾出现过两党或者多党的竞争性选举。在法属非洲殖民地，选举的次数和投票率都高于英属非洲。当然，与英属非洲国家不同，这些选举并非他们走向独立的标志，而是非洲人作为法国公民争取平等权利取得的阶段性成果。[3]

非洲国家独立后，选举制度有了一定的发展。但这一时期非洲的选举由于受到一党制、军政府、部族主义等因素的制约

---

〔1〕 Joseph A. Schumpeter, *Capitalism, Socialism and Democracy*, George Allen & Unwin (Publishers) Ltd, 1976, 269.

〔2〕［美］塞缪尔·亨廷顿：《第三波——20世纪后期民主化浪潮》，刘军宁译，上海三联书店1998年版，第5~6页。

〔3〕［英］威廉·托多夫：《非洲政府与政治》，肖宏宇译，北京大学出版社2007年版，第63页。

有很大的局限性。很多国家领导人害怕在竞争性的选举失利，这也是很多国家推行一党制的重要原因之一。正如赛义德·阿德贾姆布所说："后殖民时代，非洲选举制是一种政治高压下的无竞争模式。多哥、贝宁、塞拉利昂、肯尼亚、赞比亚、坦桑尼亚、安哥拉、苏丹等国的选举是在法定一党制下组织起来通过政府法令的工具；冈比亚、博茨瓦纳、津巴布韦和1976年后的塞内加尔等国，尽管名义上定期选举，但事实上仍是一党统治。"〔1〕

（二）20世纪90年代以来非洲国家的竞争性多党选举

进入20世纪90年代以后，多党制选举很快成为非洲政治的潮流。当然，在不同的非洲国家，多党制选举的改革过程也不尽相同：一种情况是有的国家虽然声称改行多党制选举，但选举制度与此前相比并未出现实质性改变，如肯尼亚、扎伊尔和多哥等。第二种情况是确有一些非洲国家的选举制度发生了实质性改变。随着国内经济政治危机的加深，一些非洲国家的民主化呼声极高，在市民团体的组织和鼓舞之下，深陷政治危机下的政府不得不通过选举法的修改，并进行公平和自由的多党选举。这种情况的非洲国家有刚果、贝宁、佛得角、马拉维、赞比亚等。第三种情况是部分国家虽然推行多党选举，但当政者设法控制、操纵、利用选举，并把自己的意志强加于选举过程，如喀麦隆、尼日利亚、冈比亚和阿尔及利亚等国。

随着多党选举制在非洲的推广，非洲的选举制度也在不断完善。其表现是：①选举文化得到培养。加纳自1992年开始由军政府向"宪法统治"过渡，由此开始了西方意义上的宪制民主治理时代。加纳实施民主宪制的成果在1996年、2000年、

〔1〕 吉瓦登："非洲'民主化'时代的多党选举"，载《国外理论动态》2000年第12期。

2004 年和 2008 年几次大选中得到了考验。在 2008 年底的总统大选中，加纳最大在野党全国民主大会党候选人约翰·米尔斯以 50.23%的微弱优势获胜，而其主要竞争对手、加纳执政党新爱国党候选人纳纳·阿库福-阿多在选举结束后亦坦然承认竞选失败，此举成了非洲国家民主选举中的又一个光辉典范。[1]这说明，随着选举制度在非洲的发展，非洲的选举文化逐渐得到培养，一些国家的领导人已经能够坦然接受选举结果。②非洲各国选民的参与意识也在增强。从投票率来看，各年的投票率如下：1992 年第二轮选举的投票率为 48.3%[2]、1996 年是 77.9%、2000 年略有下降为 61.7%、2004 年则达到了 83.2%。稳中有升的投票率表明了选民参与选举意识的提高。选举意识的增强当然得益于非洲选民受教育程度的提高，也离不开公民社会组织的辛勤培训。如 2007 年的尼日利亚大选中，就有很多 NGO 组织参加。他们的作用是在选举中派出观察员，然后就选举中的问题向独立选举委员会报告，争取修改选举法和有关规定。他们还给选民作培训工作。就是类似这样的 NGO 推动了选举的培训和选民参与意识的提高。[3]③选举的透明度和公正性在提高。

当然，尽管非洲各国的选举制度日趋成熟，但由于诸多因素和条件的限制仍然存在一定的问题，如选举中的操纵问题、选举引发的引发暴力冲突问题等。如 2007 年的尼日利亚全国大选引起了举世瞩目，这是尼日利亚恢复文官治理后的第三次选举，国际社会普遍认为这次选举对尼日利亚和非洲的民主进程

〔1〕 张怀印、胥胜超："从 2008 年大选透视加纳宪制民主的发展"，载《西亚非洲》2011 年第 4 期。

〔2〕 高晋元："加纳向'宪法统治'过渡的特点"，载《西亚非洲》1994 年第 1 期。

〔3〕 李凡："尼日利亚全国大选观察"，载《中国改革》2007 年第 7 期。

有着非常重大的影响，因此纷纷派出了强大的观察队伍。美国派出两个选举观察团，欧盟派出一个观察团，英联邦国家有一个观察团，非洲联盟也派出一个选举观察团，尼日利亚国内也有很多NGO组织了选举观察团。这些选举观团大多对尼日利亚的选举持批评意见，认为此次选举远远不如1999年的选举，低于国际可接受标准，选举中有很多的暴力、操纵等不公正现象。〔1〕此外，在2007年底的肯尼亚大选中，由于反对派领袖奥廷加不服选举结果，认为总统选举计票中严重舞弊，该党的支持者同总统的支持者和警察发生暴力冲突，最终导致近500人丧生，25万人流离失所、无家可归。〔2〕笔者认为，这些现象不足以说明非洲选举制度存在严重的弊端，只是在个别国家的选举中存在一定的不足。总体上看，非洲国家的选举制度在20世纪90年代以后已经有了长足的进步。

三、政府组织形式

在20世纪90年代宪制改革前，非洲国家的政体主要有民主共和制和君主立宪制。其政府组织形式，除摩洛哥、加纳等少数几个国家外，大多数的非洲国家普遍是一党制政府或者由一个大的政党执掌政权，尤其是在非洲“社会主义”国家里，党的领导人就是国家元首或者政府的首脑，党的领导机关就是国家的最高权力机关。

20世纪90年代的宪制改革后，政府组织形式得到了根本性的改变。

首先，在国家元首制度上进行了改革。过去由执政党主席

---

〔1〕 李凡：“尼日利亚全国大选观察”，载《中国改革》2007年第7期。

〔2〕 赵卓昀：“综合观察：肯亚选举危机陷入僵局”，载新华网国际频道：http://www.news.xinhuanet.com/newscenter/2008-01/11/content_7407919.htm.

或革命委员会主席当然担当国家元首的制度得到了改革，国家元首要么由普选产生要么经议会选举产生。在 20 世纪 90 年代初宪制改革中，非洲国家大都举行了全民选举，由选举产生总统；也有国家是经由议会选举产生总统的。如在刚果，新宪法删除了刚果劳动党主席是当然的共和国总统、国家元首和部长会议主席的条文，总统必须经选举产生，国名也由“刚果人民共和国”改为“刚果共和国”。在南非，1993 年《临时宪法》规定，第一届总统的产生是由国民议会从其议员中选举的，该议员当选总统后必须辞去其议员的席位，另设两位副总统，由在国民议会中获得 80 个席位以上的政党推荐产生。[1]

宪制改革前，国家元首在任期上一般是 4 年~8 年不等，还可以连选连任，有的甚至规定终身任职，如突尼斯和马拉维。但是在宪制改革后，一般规定为 4 年~5 年一届，且规定最多可以连任一次。如新《加纳宪法》规定：加纳实行总统内阁制，总统兼任政府首脑以及武装部队总司令，任期 4 年，最多不得超过 2 届。再如在尼日利亚，1989 年 5 月颁布的《宪法》新规定，尼日利亚实行总统负责制；总统是尼日利亚国家元首、联邦首席执行官和武装部队总司令；任期 4 年，可以连任 1 次。坦桑尼亚、赞比亚、塞内加尔、马拉维等大多数非洲国家都做出了相似的规定。

其次，过去由国家唯一政党组织政府的政治制度得到了改革。20 世纪 90 年代的宪制改革后，非洲大多数国家实行多党民主政治，其宪法规定政府由选举获胜的政党组织来组织或由多个党联合组织政府。[2]其表现形式有以下两种主要形式：

---

〔1〕 杜继锋：“非洲国家政体初探”，载《西亚非洲》1995 年第 1 期。

〔2〕 萧复荣：“非洲多党民主运动的历史教训”，载《西亚非洲》1995 年第 1 期。

（1）“一党执政、多党参政”的模式。20世纪90年代宪制改革以来有加纳、坦桑尼亚、津巴布韦、肯尼亚、几内亚、阿尔及利亚、加蓬、塞舌尔、莫桑比克等大多数非洲国家实行这一制度。〔1〕以肯尼亚为例，1992年和1997年的大选中以莫伊领导的“肯盟”在多党选举中连续获胜，莫伊也蝉联总统。由于肯尼亚采取的是“一党组阁制”，所以在1992年底至2002年之间，“肯盟”组织的政府都没有其他政党参加，仍然保持了一党执政的局面，其他政党只参加议会选举，通过议会参与国家管理。〔2〕

（2）“一党主导、多党联合执政”的模式。这种模式通过多党联合，分享权力的体制，实现各政党的力量的平衡，也可以抑制地区分裂主义和部族主义，从而实现国家的统一和政局的稳定。1994年选举产生的新南非就采用这种政府组织形式，即非国大党领导下的多党联合执政，多党合作组成民族团结政府。

又如在卢旺达，根据1993年8月4日“卢旺达爱国阵线”（the Rwanda Patriotic Front）和联合府在多党的参与协商下签署的和平协议——《阿鲁沙协议》（the Arusha Accord）规定，国家权力掌握在广泛基础的过渡政府（the Broad—based Transition Government，即BBTG）手里。过渡政府（BBTG）的组成人员是由6个政党联合组成的。阿鲁沙协议对过渡政府的21名成员的分配做出了规定，前国家唯一党（MRND）和卢旺达爱国阵线（RPF）各占5个席位，其他各政党分别占有1个~4个席

〔1〕 John Hatchard, “Some Lessons on Constitution—Making From Zimbabwe”, *Journal of African Law*, 45, 2001, (2), 210~216.

〔2〕 高晋元：“肯尼亚多党制和三次大选初析”，载《西亚非洲》2004年第2期。

位。又规定内阁在第一次审议草案的时候需要取得共同一致，然后通过草案则需要2/3的多数同意，这意味着至少要有3个政党的同意，一般情况下要求更多政党的赞成。这种权利的分配是典型的政党联合基石，并且努力在政党间分配权力以达到制衡权力的目的。[1]

四、人权保护

对人权的保障是世界人民共同的永恒追求。早在宪制改革之前，1981年参加非洲统一组织（Organisation of African Unity，简称OAU）的各国元首和政府首脑就通过了《非洲人权和人民权力宪章》，并在大部分组织成员国批准后于1986年10月21日开始实施。目前为止，53个国家中的52个已经成为其缔约国，唯一没有批准的国家是厄立特里亚。[2]《非洲人权和人民权利宪章》具有鲜明的地区特色和显著的发展中国家特征，同时又吸收了联合国和其他区域性国际组织在人权方面具有普遍性的积极成果，比较充分地反映了非洲各国在人权问题上的基本立场，体现了非洲人民对世界人权事业的独特贡献。[3]

鉴于乌干达前总统伊迪·阿明践踏人民权利，赤裸裸的铁腕统治，导致约有10万~50万的乌干达人被杀；中非皇帝博卡萨则在国内建立起了法西斯独裁统治，残害无辜，对犯人甚至进行割耳朵、砍手等肢体罚，宪制改革中各国吸取教训，纷纷在宪法中加强对人权和人民权利的保护。尽管非洲国家宪法承

〔1〕 Filip Reyntjens, "Constitution-Making in Situations of Extreme Crisis: The Case of Rwanda and Burundi", *Journal of African Law*, Vol. 40, No. 2, Liber Amicorum for Professor James S. Read, 1996, pp. 234~242.

〔2〕 France Viljone, "Application of the African Charter on Human and People' Rights by Domestic Courts in Africa", *Journal of African Law*, 1999 (1), p. 1.

〔3〕 夏吉生："非洲人权事业的新进展"，载《西亚非洲》2005年第5期。

认和保护方式及范围各不相同，但公民基本权利和自由的保护已成为非洲各国承认和接受的宪制标准，如尼日利亚、安哥拉、肯尼亚等国都在宪法中以“基本权利和自由”的方式做出规定。为了强调基本权利保护的重要性，大多数非洲国家宪法规定了执行这些权利的特别程序，当违反基本权利条款侵害他人权利时，权利人可以诉诸法院寻求救济。[1]下面以南非为例做一介绍。

1993年《南非临时宪法》对人民基本权利的保护做出了具体规定。[2]南非国会把临时宪法中的“权利法案”(The Bill of Rights）作为新宪法的核心，而平等的概念则是权利法案的中心。平等就是不分种族、性别、肤色和宗教信仰一律平等。《临时宪法》第三章规定，每个公民在法律面前有平等的权利并受到法律平等的保护。权利法案的内容包含了对民事权利、政治权利、经济权利、社会权利的广泛规定，对于这些权利南非的大多数公民在过去是长期得不到保障的。这些权利具体包括，生命权、人格尊严权、个人隐私、自由和安全受保护权（包括不经审判不受拘留的权利)；禁止强迫劳动，禁止各种身体的、精神的和感情的酷刑，禁止非人道和有损尊严的对待和惩罚等。

（1）政治权利。《临时宪法》规定全体公民都有投票权，都有自由做出政治选择的权利，自由参加和组织政治活动的权利，有招收政党新成员的权利，此外还规定了宗教自由，信仰自由，结社、集会、游行居住自由。

（2）人身权。鉴于过去南非安全保卫力量对手中权利的滥

---

〔1〕 Frans Viljoen, “Application of the African Charter on Human and Peoples’ Right by Domestic Court in Africa”, *Joural of African Law*, Vol. 43, No. 1 (1999), pp. 1~17.

〔2〕 John Hatchard, “The Constitution of the Repubic of South Africa”, *Journal of African law*, Vol. 38, No. 1. 1994, pp. 70~77.

用，因此临时宪法对涉及拘留、逮捕和接受公正审判的条款得到了特别加强。《南非临时宪法》规定，每一个被拘留的人都有权要求立即被告知自己被拘留的理由；在拘留的状况下应该受到人道对待（包括接受由国家承担的药物治疗）；可以咨询一名由自己聘请的或由国家提供的律师；可以与自己的近亲、宗教辅导员和医生交流并与之见面。行政机构权力的日益扩大和其权利越来越重要，因此，宪法要求官员应当严格公正的依据法律法规履行职责。

（3）经济权利。经济权利包括行动自由权和居住权，即在南非个人可以自由参加经济活动的权利和追求美好生活的权利；公平劳动的权利，自由参加、建立工会的权利和罢工的权利；集体组织和协商的权利，为集体谈判斗争的权利。其中最具争议的是私人财产权利，特别是土地问题，《临时宪法》规定的处理方法相当简单，即虽然财产的取得、所有和处分权利是明确规定的，但是又规定以公共目的没收财产仅需给予公正相当的赔偿即可。因此宪法又规定，建立一个土地权利赔偿委员会，其将有权接受和处理任何公民及团体对政府土地权利赔偿的请求，并对其进行调查和调解的权利。

（4）社会和文化权利。在《临时宪法》中规定了教育权，即所用公民都有权接受基本教育，平等地享受教育设施；基于公共文化、语言和宗教要求有权设立教育机构，但不得有种族和肤色歧视；也规定高等教研机构学术自由；《临时宪法》也规定，每个人都有使用自己选择的语言的自由，每个人都有选择和参加文化活动的自由，另外还对国家和地方的语言发展做出了政策规定，包括英语在内的 11 中语言作为南非官方语言。

（5）儿童和妇女的权利。在《临时宪法》的权利法案中，儿童的权利受到了特别的保护，包括父母监护权和禁止剥削性雇佣童工。在妇女权利方面，性别歧视做出了具体禁止性规定，并用肯定性的条款对妇女权利进行保护。另外，《临时宪法》还规定成立一个性别平等委员会，对妇女权利专项保护，并且可以对有关的妇女地位有立法提案权。

第四节　个案分析：肯尼亚宪制改革述评

肯尼亚自 1991 年修改《宪法》，开放党禁，开启了其宪制改革的进程。然而，二十余年来肯尼亚宪制改革进程时断时续，受到诸多因素的制约。2010 年 8 月 4 日，肯尼亚第二次全国宪法公投结束，肯尼亚新宪法最终生效，标志着肯尼亚宪制改革进程取得了重大成果，这也是非洲宪制史上的一个重要事件，对于非洲宪制的前进有着重要的意义。

一、肯尼亚宪制改革的历史背景

肯尼亚在 1963 年颁布《独立宪法》，并于同年 12 月 12 日宣布独立。在此后的 40 年中，《肯尼亚宪法》经过了 30 多次修改，在政体方面经历了由议会君主制到总统共和制的转变，在政治制度上经历了由多党制到一党制，再到多党制的转变。其中，较为重要的变革有三次。

第一次变革发生在 1969 年。肯尼亚 1963 年独立之后实行多党制，“肯尼亚非洲民族联盟”（Kenya African National Union，KANU，以下简称“肯盟”）成为执政党。1964 年 11 月，肯尼亚最大的在野党“肯尼亚非洲民主联盟”（Kenya African Democratic Union，KADU，以下简称“民盟”）宣布解散，包括莫伊在内的原“民盟”成员于同年年底都加入了执政党“肯盟”。1966 年“肯盟”发生分裂，一部分成员退出另组“肯尼亚人民联盟”（Kenya People's Union，KPU）。1969 年 9 月人民联盟被取缔，其领导人奥金加·奥丁加（Oginga Odinga）被逮捕，政府从此不再允许在执政党外建立新的政党。肯尼亚从此成为事实上的一党制国家。〔1〕

第二次变革是在 1982 年。1982 年 6 月，肯尼亚议会通过了著名的第 19 条《宪法修正案》，修改了《宪法》2A 条款，明确规定肯尼亚实行“肯盟”领导下的一党制，禁止成立其他政党。这一极富争议的修正案实现了肯尼亚由事实上的一党制向法律上的一党制的转变。〔2〕

第三次的变革发生在 1991 年。1991 年 12 月 10 日，在国际社会的强大压力下，肯尼亚国民会议讨论并通过了 1991 年《第 2 号宪法修正案》，删去了 1982 年《宪法》第 2A 条款关于肯尼亚为一党制国家的条文，允许反对党合法存在。〔3〕肯尼亚从此在法律上完成了从一党制向多党制的转变，标志着肯尼亚第三次宪制改革的进程正式开始。

肯尼亚政府为什么要在这时提出《宪法修正案》，采纳多党制呢？原因之一在于肯尼亚国内反对派的坚决要求和人民要求改行多党制的呼声。20 世纪 80 年代末 90 年代初，政治民主化浪潮席卷了整个非洲，也冲击了自独立以来还算平静的肯尼亚。1990 年元旦前夕，肯尼亚东非长老会教长蒂莫西·恩乔亚（Timothy Njoya）在作新年布道时提出要修改肯尼亚 1982 年

---

〔1〕 徐济明、谈世中主编：《当代非洲政治变革》，经济科学出版社 1998 年版，第 15 页。

〔2〕 Githu Muigai,“Amendment Lessons from History”,http://www.kenyaconstitution.org/docs/03d001.htm.

〔3〕 David Throup,“Elections and Political Legitimacy in Kenya”, *Africa*, Vol. 63, No. 3, p. 386.

《宪法》的第 2A 条款，变一党制为多党制。[1] 从此，肯尼亚国内要求废除一党制，改行多党制的呼声越来越高。

另外一个导致莫伊政府决心恢复多党制的重要原因是西方援助国的压力。肯尼亚独立之后一直采取了亲西方的政策，是黑非洲国家中接受西方援助最多的国家之一。西方国家对肯尼亚的援助大约占其受援总额的 95%，1990 年之前平均每年达近 10 亿美元，约占肯尼亚年预算的 25%。[2] 由此可见，西方国家的经济援助对肯尼亚经济的发展是极为重要的。正因为如此，当西方国家向肯尼亚推销其多党制受到挫折时，便挥舞起经济制裁的大棒。丹麦政府率先宣布，由于该国援助款项被大量贪污、浪费，丹麦政府将停止对肯尼亚的援助。随后，1991 年 11 月 26 日，12 个援助国组成的巴黎俱乐部和 5 个国际金融机构决定对肯尼亚的援助中止半年（总额达 3.5 亿美元）。[3]

正是由于国内反对派的强烈要求和国外的强大压力，执政党肯尼亚非洲民族联盟于 1991 年 12 月 3 日召开了由 3500 名代表参加的特别会议，决定废除一党制，改行多党制。此举虽然是莫伊政府在被迫的情况下做出的决定，但它满足了肯尼亚国内反对派和西方国家的要求，既缓和了国内矛盾，又得到了西方国家的经济援助，对于肯尼亚经济和民主制度的发展都有比较重要的意义。

二、宪法审查委员会（CKRC）与肯尼亚宪制改革的历程

如前所述，1991 年 12 月，肯尼亚国民会议讨论并通过了

---

〔1〕 Galla Sabar, *Church, State and Society in Kenya: From Mediation to Opposition, 1963~1993*, London, Frank Cass & Co. Ltd, 2002, p. 213.

〔2〕 新华社内罗毕 1991 年 12 月 1 日电。

〔3〕 贺文萍：《非洲国家民主化进程研究》，时事出版社 2005 年版，第 300 页。

1991年《第2号宪法修正案》，删去了1982年《宪法》第2A条款关于肯尼亚为一党制国家的条文，允许反对党合法存在。[1]肯尼亚从此在法律上完成了从一党制向多党制的转变，标志着肯尼亚宪制改革的进程正式开始。

从1991年12月开始实行多党制一直到2002年12月的第三次大选，肯尼亚实际上处于多党制下的一党长期执政状态，因而，直到1997年大选之前，肯尼亚宪制改革运动进展相当缓慢。1998年12月，肯尼亚国民会议通过《1998年肯尼亚宪法审查法》（the Constitution of Kenya Review Act，1998），决定设立一个宪法审查委员会。

在随后的一年（1999年）中，宪法改革进程没有再取得进步。从表面看，主要是因为执政党和两大反对党（民主党和国民发展党）在宪法审查委员会的代表名额分配上存在难以调和的分歧，宪法改革工作一度搁浅。[2]

此后，宪法改革运动分民间和官方两个层面同时进行。2000年6月，乌奋加马诺集团（Ufungamano Initiative）同肯尼亚反对党、宗教团体、法律协会和市民团体一起，发起成立了以欧齐·奥姆巴卡（Oki Ooko Ombaka）为主席的"肯尼亚人民委员会"（the People's Commission of Kenya），其目的是收集肯尼亚各界人民和各地区对宪法的意见，并负责汇总。[3]2000年10月，肯尼亚国民议会通过《2000年肯尼亚宪法审查法》，并根据该法案设立了肯尼亚宪法审查委员会（the Constitution of Kenya Review Commission，CKRC）。2000年11月，亚什·凯

〔1〕 David Throup，"Elections and Political Legitimacy in Kenya"，*Africa*，Vol. 63，No. 3，p. 386.

〔2〕 高晋元："肯尼亚多党政治能走多远"，载《西亚非洲》2000年第1期。

〔3〕 The Report of the Constitution of Kenya Review Commission，2002，p. 1.

(Yash Pal Ghai) 教授被任命为宪法审查委员会主席，这一任命受到肯尼亚政界和商界人士的普遍欢迎，打破了宪制改革的僵局。[1]虽然两个委员会有着共同的目标，但双轨制的宪法审查进程并不利于肯尼亚的宪制改革，它分化了肯尼亚人，造成了巨大的社会压力和政治压力，并可能造成暴力冲突。因此，亚什·格海教授上任后，即谋求将其合并。2001 年 3 月，两个委员会终于获准合二为一。至此，肯尼亚宪制改革开始走上稳健发展之路，而宪法审查委员会从此成为主导肯尼亚宪制进程的核心力量。

2002 年 9 月，宪法审查委员会发布宪法审查报告《人民的选择》(the People's Choice) 和《2002 年肯尼亚宪法草案》(the Draft Bill of Kenya Constitution, 2002)[2]。新宪法草案采纳欧洲宪法模式，拟设立总理一职，国家最高行政权由总统和总理分享，进一步限制了总统权力，同时扩大了议会对总统及以总理为首的内阁的监督权。

依据《肯尼亚宪法审查法》第 27 条第 1 款的规定，肯尼亚宪法审查委员会在公布审查报告和宪法草案之后要尽快召开一次全国宪法会议，讨论宪法审查报告和宪法草案的修改和采纳问题。[3]全国宪法会议原定于 2002 年 10 月 27 日举行，后因肯尼亚大选而取消。随后，宪法审查委员会决定于 2003 年 4 月 28 日召开全国宪法会议，又因议会辩论和通过财政预算案而推迟至 6 月 6 日。

2003 年 5 月 6 日，宪法审查委员会主席亚什·凯将宪法审

〔1〕 The People's Choice- The Report of the Constitution of Kenya Review Commission, 18th September 2002, p. 2.

〔2〕 The Final Report of the Constitution of Kenya Review Commission, 2005, p. 360.

〔3〕 Section 27 (1) of the Constitution of Kenya Review Act , 2002.

查报告和宪法草案提交给全国宪法会议。经过宪法委员会技术工作委员会的讨论和严格审查之后，全国宪法会议最终于 2004 年 3 月 15 日通过了《2004 年肯尼亚宪法草案》，并在 6 月 28 日予以公布。至此，肯尼亚宪制改革进程本该画上一个圆满的句号，只待提交国民会议表决通过即可。然而，《2004 年肯尼亚宪法草案》受到国民会议宪法选择委员会的干预，并再次推迟表决。[1] 2004 年 12 月 7 日，国民会议宪法选择委员会向国民会议提交了它的报告和修改意见，2004 年《宪法草案》进入了议会辩论和修改阶段。

三、肯尼亚宪制改革进程中的分歧与争议

肯尼亚自 1991 年正式开启了其宪制改革的步伐，但进展相当缓慢。2000 年《肯尼亚宪法审查法》的通过给宪制改革带来了新的契机，并加快了改革的步伐，几经修改和辩论，最终形成了《2005 年肯尼亚宪法草案》。其间，肯尼亚人对宪制改革的进程存在了各种争议和分歧，其中引起全国性关注、争论最为激烈的问题有五个。

（一）政党制度的改革问题

1982 年，肯尼亚国民议会通过宪法修正案，使一党制的这个政党制度合法化，此举引发了执政党与反对派和社会民主人士的矛盾。20 世纪 80 年代末 90 年代初，非洲政治民主化的浪潮席卷了整个非洲大陆，也波及了肯尼亚。1990 年，肯尼亚开始了全国性的政体大辩论。各反对派头目人物纷纷登场，而且他们有明确的政治纲领：(1) 废除一党制，实行多党制；(2) 撤销 1982 年关于实行一党制的宪法修正案；(3) 解散议会，举行大

---

〔1〕 The Final Report of the Constitution of Kenya Review Commission, 2005, p. 477.

选；(4)就政体问题进行全国公民投票。[1]

面对反对派的要求和改行多党制的呼声，莫伊政府并不为其所动。莫伊总统和执政党其他领导人曾多次表态抵制，强调在肯尼亚这类多部族而且部族意识较强的国家，多党制会导致建立许多以部族为基础的政党，进而引起部族冲突和社会动乱，不利于国家的统一、稳定、和平与发展。[2]在此思想的指导下，莫伊政府对反对派的活动进行了严厉镇压，逮捕了以肯尼斯·马蒂巴（Kenneth Matiba）为首的反对派代表人物，出动防暴警察镇压反对派组织的群众集会，并最终导致了肯尼亚独立之后规模最大的全国性骚乱。

（二）选举制度的改革问题

1990年12月，迫于国内反对派的强烈要求和西方国家的强大压力，肯尼亚最终改行多党制。但是，尽管从法律上讲肯尼亚实行了多党制，允许众多政党的存在，由于莫伊及“肯盟”充分利用了执政党掌握的各种资源和选举制度上的有利安排，加之反对党力量的相对弱小和分散，最终使莫伊在1992年和1997年大选中蝉联总统。因此，从1991年12月开始实行多党制到2002年的第三次多党大选，肯尼亚实际上处于多党制下的一党制状态。因此，1992年大选之后，肯尼亚国内要求宪制改革的呼声日益高涨。1997年中，反对派提出了“不改革，就不能举行大选”的口号，强烈要求改革宪法中使执政党处于优势地位的选举制度，以确保自由和公正的选举。

在选举制度改革的问题上，双方再次出现争议，其焦点在于选举委员会的重新设立、议会中由总统提名和直接任命的12

---

〔1〕 徐济明、谈世中主编：《当代非洲政治变革》，经济科学出版社1998年版，第105页。

〔2〕 (Kenya) The Weekly Review, March 30, 1990 and April 20, 1990.

名议员的名额分配和宪法审查委员会的设立等问题。经过两个多月的紧张讨论，执政党与反对党最终达成一致。1997年10月~11月，肯尼亚议会通过多项立法，彻底解决了选举制度引发的矛盾。

（三）宪法审查委员会代表的名额分配问题

1998年12月，《1998年肯尼亚宪法审查法》(the Constitution of Kenya Review Act, 1998) 通过，并决定设立宪法审查委员会，全面负责肯尼亚宪法的改革工作，为宪制改革带来了转机。

随后的一年中，肯尼亚宪制改革毫无进展。从表面看，主要是因为执政党"肯盟"和两大反对党（民主党和国民发展党）在宪法审查委员会的代表名额分配上存在难以调和的分歧。按照《1998年肯尼亚宪法审查法》，宪法审查委员会由25名成员组成，其中13名由议会内10个政党按议席比例分配，另12名由民间团体分配。据此，执政党坚持它应占7名，其余6名中民主党占2名（原定3名），国民发展党1名（原定2名），其余名额由其它小党分摊。〔1〕两大反对党对此方案坚决反对，多次斡旋不成，宪制改革进程宣告搁浅。

2000年10月，肯尼亚国民议会通过《2000年肯尼亚宪法审查法》，并根据该法案设立了肯尼亚宪法审查委员会 (the Constitution of Kenya Review Commission, CKRC)。2000年11月，亚什·凯 (Yash Pal Ghai) 教授被任命为宪法审查委员会主席，这一任命受到肯尼亚政界和商界人士的普遍欢迎，打破了宪制改革的僵局。〔2〕从此，肯尼亚宪制改革进入实质性阶段。

---

〔1〕 (Kenya) The Weekly Review, May 14, 1990, pp. 6~7.

〔2〕 The People's Choice- The Report of the Constitution of Kenya Review Commission, 18th September 2002, p. 2.

（四）新宪法中总统与总理的权力分配问题

2000年，宪法审查委员会主导肯尼亚宪制进程之后，宪制改革的步伐明显加快。2002年9月，宪法审查委员会发布宪法审查报告《人民的选择》（the People's Choice）和《2002年肯尼亚宪法草案》（the Draft Bill of Kenya Constitution, 2002）[1]。该宪法草案经过多次讨论和修改，形成了《2005年肯尼亚宪法草案》。

在对待《2005年肯尼亚宪法草案》这一问题方面，执政的"全国彩虹同盟党"（以下简称"彩盟"）和反对党"肯尼亚非洲民族联盟"之间以及彩盟内部都有很大的分歧。反对党"肯盟"认为新宪法所设立的总理权力太小，他们站在反对党的立场上，期望设立一个权力强大的总理职位，以制约目前执政的彩盟。在彩盟内部，对新宪法持反对意见的是以奥丁加为首的自由民主党。在大选（2002年）前夕反对党结成联盟时，莱拉·奥丁加曾与"肯尼亚全国联盟党"签署了一份确保赢得大选后分享权力的"备忘录"，要求在大选胜利后任命莱拉·奥丁加为新政府总理。[2]因而自由民主党人希望新宪法赋予总理全部的行政权力，而总统则会成为一个名义上的国家元首。彩盟内赞成新宪法的人主要是由肯雅塔时期的老一辈政治领导人和退休政府官员组成的"老卫士派"和由一批20岁~30岁年轻的吉库尤专业及商业人士组成的"少壮派"。他们不愿意齐贝吉一上台就变成"弱势"总统，不愿意看到大权旁落到莱拉·奥丁加领导的"自由民主党"手中。[3]

---

[1] The Final Report of the Constitution of Kenya Review Commission, 2005, p. 360.

[2] Joel D. Barkan, "Kenya After Moi", *Foreign Affairs*, Vol. 83, No. 1, p. 92.

[3] Joel D. Barkan, "Kenya After Moi", *Foreign Affairs*, Vol. 83, No. 1, p. 96.

围绕新宪法中总统与总理权力分配问题而产生的分歧，表面肯尼亚各政党之间以及执政党“彩盟”内部都存在着极大的利益冲突，这也是齐贝吉总统上台以来面对并必须解决的重要问题。

（五）新宪法中宗教法庭的设置问题

肯尼亚主要有三大宗教：基督教、伊斯兰教和非洲传统宗教，此外还有一部分人信仰印度教和其他宗教。据2002年统计，肯尼亚基督教徒占总人口的66%，非洲传统宗教教徒占26%，伊斯兰教徒占7%……〔1〕肯尼亚伊斯兰教徒和基督教教徒数十年来一直和睦相处，然而在新宪法中伊斯兰法庭（Sharia court）的设置上却引起了极大的争议。

在2003年的全国宪法会议中，穆斯林代表提出在新宪法中将伊斯兰法庭升级到全国范围，并授权其审理商业、民事和刑事纠纷。这一设置将使伊斯兰法庭拥有一个独立的“最高法庭”，可以审理所有的案件。这个提议遭到基督教代表的强烈反对。他们认为，伊斯兰法庭是不合宪法的，应该从新宪法中全部删除。由于两派的意见无法调和，全国宪法会议最终决定将伊斯兰法庭的设置维持在地方层面，仅涉及与离婚、继承和婚姻有关的属人法领域。因而，新《宪法》第179条第3款维持了对伊斯兰法庭的规定。这一折中规定没有使基督教徒们满意，他们坚持新宪法中不应设立伊斯兰法庭。大主教马格里布·万吉如（Margaret Wanjiru）声称：“如果新宪法仍然设立伊斯兰法庭，那么我们将深入到村社层面去发动群众投反对票，我们的反对将持续到全国公投之后，直至2007年的总统大选。”〔2〕

〔1〕 高晋元主编：《肯尼亚》，社会科学文献出版社2004年版，第34页。

〔2〕 Joyce Mulama，“Church Leaders Reject Draft Constitution”，http://www.ipsnews.net/news.asp?idnews=30049.

四、肯尼亚宪制改革进程中遇到的障碍

2005 年 11 月 21 日，肯尼亚历史上第一次以全民公决的方式对新宪法草案进行表决，结果新宪法草案遭到 58 %的多数反对而未获通过，进而引发了肯尼亚的宪制危机。[1]这也说明，肯尼亚宪制改革虽已取得了令人瞩目的成就，但在一定能够程度上也存在着继续前进的障碍。纵观肯尼亚整个宪制改革的进程，如果齐贝吉政府想继续推进宪制改革的大业，那么以下三个方面的问题将是难以逾越的。

（一）政党之间的重重矛盾

肯尼亚自 1991 年起实行多党制选举以来，如雨后春笋般出现了很多政党，1992 年参加总统选举的政党有 8 个，1997 年增加至 15 个，2002 年因反对党结成联盟，参加总统选举的政党只有 5 个，[2]但是正式注册并参加了议会选举的政党多达 34 个。[3]这些政党之间的利益纠葛，使得肯尼亚政坛风云变化不定。其中最主要的矛盾是执政党“彩盟”和最大的在野党“肯盟”之间以及“彩盟”自身的内部矛盾。

（二）地区主义和部族主义的影响

与众多非洲国家一样，肯尼亚各政党有明显的地区主义和部族主义背景。在肯尼亚众多的政党中，肯盟是最具有全国性

---

〔1〕 http://www.answers.com/topic/kenyan-constitutional-referendum-2005.

〔2〕 当时参加总统选举的五大政党是“全国彩虹同盟党”（National Rainbow Coalition，NRC）、“肯尼亚非洲联盟”（Kenya African National Union，KANU）、“社会民主党”（Social Democratic Party，SDP）、“人民恢复民主论坛”（FORD People Coalition）和察玛察乌玛党（Chama Cha Uma）。http://www.kenyaelections.com/Kenya%20Elections%202002%20.pdf.

〔3〕 “Kenya General Elections-EU Election Observation Mission-Final Report 2002”，See http://ec.europa.eu/comm/external_relations/human_rights/eu_election_ass_observ/kenya/rep02.pdf.

民族主义的政党，但党内有派，而且各派所依靠或代表的常常是不同民族及其聚居地区。“彩盟”形式上是一个统一的政党，实际上是由全国联盟党和自由民主党及十多个小党联合而成，这些政党都有明显的地区和部族主义背景。

(三) 宗教矛盾的困扰

肯尼亚和非洲其他国家一样，也面临着宗教矛盾的困扰，主要是基督教和伊斯兰教之间存在一定的分歧。肯尼亚的基督教教徒众多，占总人口的2/3，基督教在肯尼亚的政治生活中也有着举足轻重的地位。

肯尼亚基督教是宪制改革活动的重要推动力量之一。2000年6月，一些教会领导人同肯尼亚反对党、法律协会和市民团体一起，组成了乌奋加马诺集团（Ufungamano Initiative），发起成立了以欧齐·奥姆巴卡（Oki Ooko Ombaka）为主席的“肯尼亚人民委员会”（the People’s Commission of Kenya），从事民间的修宪活动。[1]

如前所述，肯尼亚基督教和伊斯兰教之间的矛盾源于宪法中伊斯兰教法庭的设置问题。几十年来，伊斯兰法庭在肯尼亚宪法中的存在已经成为不争的事实。基督教领导要求彻底取消宪法中设置伊斯兰法庭的条款，违背了肯尼亚数十年的宪制实践，对于广大伊斯兰教教徒来说是难以接受的。而伊斯兰教教徒人数并不多，其领导人要求设置全国范围内的伊斯兰法庭的要求必定不会得到大多数肯尼亚人的支持。目前，解决矛盾的最好办法也许就是双方举行心平气和地谈判，协商解决两大宗教之间的分歧。

---

〔1〕 The Report of the Constitution of Kenya Review Commission, 2002, p. 1.

五、肯尼亚宪制改革的圆满结局

如前所述，在2005年的宪制公投中，宪法草案未获得半数而被否决。自此肯尼亚宪制改革进程再次陷入停顿。

2007年底至次年初，肯尼亚举行总统大选，结果因两大党派对选举结果存在争议而引发了宪制危机，最终导致上千人死亡、35万人无家可归。随后，肯尼亚两大主要政党于2008年4月底在非洲联盟调解下达成协议，同意组建联合政府并制定和颁布新宪法。2010年4月，肯尼亚议会投票通过了新宪法草案。2010年8月4日，肯尼亚举行建国以来的第二次宪法全民公投。根据肯尼亚独立选举委员会公布的最终计票结果，新宪法以67.25%的支持票获得通过。

肯尼亚2010年新宪法的最主要内容有四个方面：一是取消总理职位，并设立国家最高法院及参议院，参议院将由47名参议员组成；二是限制和监督总统以及内阁权力，同时将给予地方政府更多的决策权；三是权力下放，将中央集中的权力分散到地方；四是肯尼亚行政区划分将由目前的五级改为中央和县级两级政府。同时，它还授予政府进行土地改革的权力，其中包括重新收回一些被非法占用的土地等。

新宪法的颁布受到国际社会和国内民众的普遍欢迎。当然，也有反对的声音。反对宪法改革的群体中，最有影响的当属福音派的基督教领袖及一些政治精英，其中最知名的是高等教育部长威廉姆·如托、新闻通讯部长萨缪尔·波吉西奥和特别项目部长纳奥米·沙班。他们对新宪法中有关堕胎、土地分配和有关伊斯兰法院权力规定等条款持有异议。反对者认为，新宪法认同伊斯兰法庭实际上是将伊斯兰教作为国教，新宪法还将使妇女更容易获得堕胎的机会。[1]

不管如何，肯尼亚宪制改革有了一个圆满的结局。这对于肯尼亚民族力量的凝聚、社会稳定和经济发展都有进步意义。对于非洲各国宪制改革而言，肯尼亚宪制改革的良好结局无疑树立了一个好榜样。

〔1〕 彭睿:“肯尼亚新宪法在全民公投中顺利通过”，载国际在线网站：http://gb.cri.cn/27824/2010/08/06/2225s2946050.htm.

第五章

非洲宪制发展的思考

第一节　影响非洲宪制发展与变革进程的重要因素

殖民时期非洲宪制体制创建的进程是在宗主国的主导之下完成的，完全取决于宗主国的殖民政策和宪制模式。但非洲国家独立后的宪制发展与变革进程却是在诸多因素的交互影响和互动下完成的，其中主要有经济因素、部族主义因素、宗教因素、军政府因素和国际因素。

一、经济因素与非洲宪制的发展与变革

马克思主义哲学认为，经济基础决定上层建筑。应用这一经典理论来诠释非洲独立后的政体选择问题和20世纪90年代以来非洲发生的宪制改革是再恰当不过了。

（一）经济因素与非洲国家独立的政体选择

如前所述，非洲国家在独立后的很长一段时间内纷纷改行一党制，或者实行军政府统治。非洲国家独立后长期实行一党制、军政权等威权主义统治，是与非洲国家当时的经济发展水平有密切联系的。正如赞比亚总统昆达所说：“众所周知，1964年10月24日我们获得独立，那是我们赞比亚人民接管了政权但

经济上却仍受到外国和侨民商业的控制。”[1]因此，对于赞比亚这样的新独立国家而言，夺取经济控制权，发展民族经济是其首要任务。为了尽快摆脱经济的困境，摆脱经济上的殖民主义状况，实行集权政治往往是解决这一困境的良药。有学者指出：“社会经济不发达导致黑非洲国家普遍实行一党制为主要特征的集权政治。”[2]张宏明研究员也认为：“独立后非洲国家的经济发展史及其所奉行的经济政策还是重重地打上了外部影响的烙印。而且从经济与政治的关系的视角而言，后者也是促使非洲国家在政治上实行中央集权以强化国家政权对社会经济发展干预的一个重要因素。”[3]因此，当时很多非洲国家的领导人普遍认为唯有采取一党制，才能促使国家集中精力发展经济，摆脱经济的对外依附。当然，很多国家在实行一党制的最初几年中的经济发展表现也证实了集权政治在发展经济方面的优越性。

（二）经济因素对非洲国家宪制变革的影响

经济发展水平是决定政治变革的重要因素。从20世纪90年代以来非洲宪制变革的内部因素来看，20世纪80年代非洲国家持续不断的经济恶化和危机是其实行改革，采纳多党民主制的重要原因。很多学者和国家都将非洲经济困局归咎于非洲政府的不民主。如世界银行在1989年时就认为非洲危机的根源在于“政府的危机，并且认为经济自由化和私有化不可能由经过权力

---

〔1〕 Kenneth Kunda, “Zambia’ Economic Reform”, *African Affairs*, Vol. 67, No. 269, 1968, p. 295.

〔2〕 徐济明、谈世中主编：《当代非洲政治变革》，经济科学出版社1998年版，第181页。

〔3〕 张宏明：《多维视野中的非洲政治发展》，社会科学文献出版社1999年版，第27页。

寻租产生的政府领导完成”。[1]当然，不同国家的领导人是出于不同的目的进行改革的。有的国家是迫于日益高涨的民众诉求而主动采取多党民主制的，如贝宁等。也有的国家是国外经济援助国和本国国民的双重压力而被迫宣布采纳多党制的，如肯尼亚。但是，经济发展水平低下都是他们实行多党民主制改革的共同原因。那么，宪制的改革是否解决了非洲国家的经济困境呢？是否造成了经济上的迅速发展呢？事实上，非洲国家的宪制改革虽然被普遍看好，认为是非洲国家民主化方面取得的重要成就，但对于非洲经济的发展并无太大帮助。美国学者威尔（Nicolas Van De Walle）的研究表明，政治自由化对非洲的经济表现并无天大的影响。[2]

二、部族主义因素与非洲宪制的发展与变革

部族主义是影响非洲宪制发展与变革的另一重要因素。众所周知，非洲各国几乎都是由很多部族构成的国家。部族之间的矛盾冲突一直是非洲各国大力解决的重要国内矛盾之一。同样，部族主义因素对于非洲国家独立以来的宪制模式选择和宪制变革都有重要的影响。

（一）部族主义与非洲国家独立后的政体选择

张宏明研究员指出：“部族主义因素是导致非洲绝大多数国家在独立后不久即由以多党制为主要特征的议会民主政体改行以一党制为主要特征的中央集权统治的重要原因之一。”[3]那

---

〔1〕 World Bank, *Sub-Saharan Africa: From Crisis to Sustainable Growth: A Long Term Perspective Study*, World Bank, 1989.

〔2〕 Nicolas Van De Walle, “Economic Reform in a Democratizing Africa”, *Comparative Politics*, Vol. 32, No. 1, 1999, 22.

〔3〕 张宏明：《多维视野中的非洲政治发展》，社会科学文献出版社 1999 年版，第 75 页。

么，部族主义又是如何影响非洲国家独立后的政体选择的呢？非洲国家的部族和政党、地区主义问题又常常纠葛在一起。在多政党的国家里，政党领袖往往成为部族利益、地区利益的代言人，因此，部族矛盾通过政党带到了国会，成为国内政治混乱的重要因素。而政治上的混乱反过来又加剧了部族之间的矛盾和地区之间的利益冲突。徐济明和谈世中教授也认为："独立之初，在许多黑非洲国家，多党制往往成为激发部族意识，恶化族际关系的酵母。部族间的不和、对立、冲突和仇杀，以及部族与国家之间利益关系的矛盾冲突和由此而引发的内战，一方面使黑非洲国家的社会处于分裂不和状态，从而对民族一体化构成了威胁；另一方面加剧了宪制权力与传统权威之间的矛盾，对黑非洲国家政权的合法性提出挑战，从而危及政局的稳定。"〔1〕部族利益之争引发的内战和军政权统治对国家的稳定、主权和安全等都有很深的影响。因此，部族主义因素常常成为非洲国家领导人实行一党制的重要理由。因为，在许多非洲国家领导人看来，一党制是解决非洲国家独立后的各种问题，如民族矛盾、政权合法性问题、经济发展问题的最有效手段。

（二）部族主义对非洲国家宪制发展的影响

部族主义因素不仅对于非洲国家独立初期的政体模式选择有很深的制约作用，对于20世纪90年代以来的非洲宪制改革同样产生了很深的影响。进入20世纪90年代以来，向多党民主政治制度的变革成为非洲政治的主要潮流。经过各国三十余年的努力，非洲国家的部族之间的矛盾在一定程度上有所缓和，民族团结和一体化程度大大加强。然而，部族矛盾并未完全消除，部族主义的顽疾仍然存在，而且随着多元主义政治的开展而复

〔1〕 徐济明、谈世中主编：《当代非洲政治变革》，经济科学出版社1998年版，第222页。

苏和繁衍。这样，以部族或地区势力为依托的多党政治成为非洲很多国家政治的主要特征，使得非洲国家重新回到了独立初期的部族势力角逐的政治舞台上。张宏明认为："就新形势下部族主义与民主政治的关系而言，一方面，政治多元化导致部族主义的复苏和繁衍；而另一方面，部族主义的泛滥又反过来危及实行民主政治的条件并对多党民主政体本身构成威胁。"〔1〕非洲国家的部族矛盾对政治民主化进程造成延宕的事例有很多，诸如大家熟知的卢旺达种族主义大屠杀造成的宪制的中断是比较典型的案例。此外，20世纪90年代肯尼亚实行多党民主制以来的宪制改革进程中，部族主义因素也是造成其宪制改革迟迟不能开花结果的重要原因之一。肯尼亚自1998年底启动了宪制改革的进程，到2000年底才进入实质性工作。2005年，几经周折而出台的宪法草案在全民公决中被否决，从而引发了宪制危机。2008年底的大选又将肯尼亚宪制危机暴露出来，并且造成了600余人死亡，25万人流离失所。最终，在国际社会和肯尼亚各界人士的共同努力之下，《肯尼亚宪法》在2010年获得修订，长达十余年的宪制改革进程终成正果。肯尼亚宪制改革进程为何延续了这么长的时间呢？其中一个重要因素是政党之间的不和。最主要的矛盾集中在执政的"全国彩虹同盟党"和最大反对党"肯尼亚非洲民族联盟"之间。反对党希望新宪法赋予总理全部的行政权力，而总统称为一个名义上的国家元首；而执政党当然不希望将国家大权出让。更为重要的是，政党之争的背后是部族利益的纠葛。反对党领袖莱拉·奥丁加代表的是卢奥族的利益；而执政党领袖齐贝吉则被视为基库尤族人的代表。肯尼亚宪制改革进程缓慢是和其部族主义和地区主义因

〔1〕张宏明：《多维视野中的非洲政治发展》，社会科学文献出版社1999年版，第83页。

素有很大关系的。[1]此外，部族主义矛盾也是很多国家宪制改革进程推进缓慢的重要原因。如赞比亚的宪制改革进程自 2003 年启动，至今尚未完成。

三、宗教因素与非洲宪制的发展与变革

非洲大陆有多种多样的宗教，主要的宗教信仰是传统宗教、基督教和伊斯兰教。传统宗教是非洲固有的、历史最悠久和最具有群众基础的宗教。尽管伊斯兰教和基督教相继传入非洲并在非洲人的生活中占据很大的影响，但传统宗教并未消失，仍然在非洲很多农村可以看到传统宗教的踪影。[2]目前，在非洲国家政治生活中居主流地位的是基督教和伊斯兰教。这两大宗教对于非洲国家独立以来的政治稳定和宪制改革进程都有很大的推进作用，而在一些国家又制约着宪制进程的发展。由于历史原因，各国社会、政治生活受到宗教的影响程度不甚相同，两大宗教对非洲各国宪制发展与改革的影响程度也有所不同。

（一）宗教团体对非洲宪制改革进程的推动

非洲国家有着源远流长的宗教传统，而宗教团体在国家和社会的关键时刻往往能发挥重要的促进或者抑制作用。在非洲一些国家的宪制发展与改革进程中，宗教团体曾对宪制改革进程的推进做出重要贡献。早在 1994 年，在肯尼亚以律师和宗教人士为领导的民间团体就发起了宪法改革运动。他们在教堂举办讨论会，利用戏剧、漫画等各种形式在群众中进行宣传活动，还提出“样板宪法建议”。[3] 这些活动让人民受到了民主思想

---

〔1〕 张怀印：“肯尼亚宪制改革述评”，载《西亚非洲》2007 年第 6 期。

〔2〕［英］帕林德：《非洲传统宗教》，张治强译，商务印书馆 2004 年版，第 154 页。

〔3〕 高晋元：“肯尼亚多党政治能走多远”，载《西亚非洲》2000 年第 1 期。

的教育，使民主思想深入人心，也从侧面推进了宪制的改革步伐。随后，肯尼亚的乌奋加马诺集团（Ufungamano Initiative）对于推动宪法改革进程也做出了重要贡献。该团体成立于 1999 年 10 月，时值肯尼亚宪制审查陷入僵局之际。这一团体成立的初衷乃是另起炉灶，独立起草宪法草案，保证公民在宪法审查进程中的充分参与，制定一部公正、良好的宪法。乌奋加马诺集团包括国民议会执行委员会（National Convention Executive Council）、天主教会、肯尼亚教会全国委员会（National Council of Churches of Kenya）、肯尼亚统一基督教（the United Christian Churches of Kenya），以及肯尼亚伊斯兰教最高委员会（the Muslim Supreme Council of Kenya）和肯尼亚印度教委员会（the Hindu Council of Kenya）〔1〕。这一团体坚决要求制定人民推动的宪法起草程式，反对单纯由政府主导的宪制审查方式，给政府造成了很大压力，也使得肯尼亚人民陷入分裂的边缘，造成了社会和政治的紧张关系。最终，在亚什·凯（Yash Pal Ghai）的努力下，乌奋加马诺集团主导的民间宪法起草进程与政府主导的宪法修订进程合二为一。〔2〕在两者合并之前，乌奋加马诺集团设立几个委员会，开始了有广泛基础的宪法协商进程，有力推动了《肯尼亚宪法》的审查进程。

（二）宗教矛盾对非洲国家宪制发展的制约

宗教团体及其相互合作在一些非洲国家对宪制改革进程的

---

〔1〕 Immigration and Refugee Board of Canada, Kenya: The Ufugamano/Ufungamano Church Movement; members; types of activities undertaken in process of advocating for constitutional changes; treatment of pastors who advocate for constitutional change (1999 ~ 2001), 10 July 2001, KEN37219. E, available at: http://www.unhcr.org/refworld/docid/3df4be5211.html [accessed 17 February 2012].

〔2〕 The People's Choice- The Report of the Constitution of Kenya Review Commission, 18th September 2002, p. 2.

前进有着不可磨灭的贡献，而在不少国家，宗教矛盾往往成为制约宪制发展和改革的重要影响因素。宗教多元性是非洲很多国家的一个重要特色，妥善处理宗教与国家之间的关系一直是非洲各国独立后政治与法律发展中的焦点问题之一。非洲国家独立后的宪法和相关法律均在保障信仰自由和解释宗教与国家关系方面有具体规定。纵观这些法律，非洲国家在宗教与国家关系方面可以分为三类：一是教会与国家分离并相互独立；二是宗教在国家中的至高无上性；三是宗教从属于世俗国家。〔1〕属于第一类的国家很多，大多数非洲国家独立后长期实行“政教分离”的政策，以前法属和葡属殖民地国家最为典型，如塞内加尔、安哥拉、贝宁、布隆迪、喀麦隆、佛得角、乍得、莫桑比克等国。第二类国家在非洲较少，主要有科摩罗〔2〕、毛里塔尼亚〔3〕、利比亚〔4〕、索马里〔5〕等国。第三类国家主要有马达加斯加、贝宁、莫桑比克等国。

在非洲国家中，尼日利亚是典型的宗教多元性国家。长期以来由于新的、激进的基督教福音派和伊斯兰主义原教旨派别之间宗教和文化信仰的对立冲突，宗教多元性对尼日利亚社会和政治稳定造成了威胁。〔6〕尼日利亚穆斯林和基督徒之间的矛盾问题，常常是引发严重暴力冲突的导火索，其结果就是民族

---

〔1〕 Daniel D. Nsereko, “Religion, the State, and the Law in Africa”, *Journal of Church and State*, 1986, p. 270.

〔2〕 1979 年《科摩罗宪法》没有规定其国家为政教合一国家，但其国名为“科摩罗伊斯兰联邦共和国”，《宪法》序言亦将伊斯兰教定为国教。

〔3〕 参见 1978 年《毛里塔尼亚宪法》第 1 条和第 5 条规定。

〔4〕 参见 1974 年《利比亚宪法》第 4 条规定。

〔5〕 参见 1979 年《索马里宪法》第 3 条第 1 款规定。

〔6〕 Rose C. Uzoma, “Religious Pluralism, Cultural Differences, and Social Stability in Nigeria”, *Brigham Young University Law Review*, 2004, 652.

宗教冲突不断，国内政局动荡，严重地制约了国家民族建构进程。[1]大多熟悉尼日利亚历史的人都会记得建国之初尼日利亚宗教矛盾造成的流血冲突和宪制发展进程的停滞，即尼日利亚1966年军事政变所带来的严重后果。即便是现在，尼日利亚伊斯兰教和基督教之间的矛盾也常常成为社会冲突的导火索。1999年尼日利亚北方12州伊斯兰法的实施[2]使得基督教和伊斯兰教之间的关系变得愈益紧张，并引发了多次宗教冲突。此外，伊斯兰法庭的设置问题也一直是引起宗教矛盾和社会争议的重要问题。同样，在其他非洲国家中，如肯尼亚的基督教和伊斯兰教之间的矛盾对于宪制改革进程亦有一定的制约。如两者在卡迪法庭的设置上存在的不同观点，就导致了伊斯兰教退出乌奋加马诺集团。

四、军政府因素与非洲宪制的发展与变革

纵观非洲国家独立以来的宪制发展与改革进程，军政府毫无疑问是影响非洲宪制的一个重要因素。林修坡先生认为："军人对非洲政治体制的作用和影响主要体现在如下五个方面：（一）许多非洲国家的军人通过发动政变，建立起军人执政的政府；（二）有些非洲国家军政权执政一个时期后，重建文官政府，或再发生军事政变建立军人政府；（三）不少非洲国家的军人不仅发动政变推翻他们所不喜欢的军人政权，以新的军政府取代原有的军政权；（四）有些非洲国家执政的军人领袖在'还政于民'的过程中，使军政权演变为既具有文官政府的合法性

---

〔1〕 李文刚："尼日利亚宗教问题对国家民族构建的不利影响"，载《西亚非洲》2007年第11期。

〔2〕 张怀印："尼日利亚伊斯兰刑法述评"，载《长春工业大学学报（社会科学版）》2007年第1期。

又由军人领袖控制的政权；(五) 冷战结束后，非洲国家中军人统治下的政治体制纷纷转变为多党议会制或多党总统制，这是非洲国家军人领袖对非洲政治所施加的另一重大影响。”[1]

从上述五个方面可以看出，自非洲国家独立以来，非洲的军事政变和军人政权对宪制的发展与变革有着深刻的影响。首先，非洲一些国家的军事政变和军政权统治不仅造成流血冲突，还对这些国家的社会、经济发展，尤其是宪制造成了严重后果。军政权治理中断了非洲国家刚刚开始的宪制探索，对人权保护、司法独立等宪制的践踏是人类宪制文明史上的黑暗时刻。其次，非洲一些国家屡屡发生的军事政变和长期的军政权统治使得人们对宪制民主失去信心。最后，与前述影响相反，一些国家的军事领袖在还政于民的实践中起到了重要作用，对于推动宪制进程有着不可磨灭的贡献，如尼日利亚的奥巴桑乔等。

进入 20 世纪 90 年代以来，非洲各国的宪制改革平稳进行，但偶尔也有军事政变发生。大多国家的军事政变与此前相比已有很大的差别，呈现出新的特点：其主要目的是促使政府做出变革，而较少有长期霸占政权的目的，在一定程度上代表了民意，对于遏制国家领导人在执政失败后继续危害国家发挥了一定作用。

五、国际因素与非洲宪制的发展与变革

国际因素对于非洲宪制的发展与变革也有着相当重要的作用，主要体现在两个方面：一是非洲各国宪法的创制和改革过程中对世界各国的优秀宪制体制的吸收与借鉴。二是部分国家对非洲国家宪制体制变革进行的间接或者直接干预。总体而言，

---

〔1〕 葛佶主编：《简明非洲百科全书（撒哈拉以南）》，中国社会科学出版社 2000 年版，第 184~185 页。

欧美国家对非洲宪制发展与变革起到了较大的影响作用，苏联和东欧国家的宪制体制对于非洲独立后的社会主义宪制实践亦有较大的参考作用和影响；中国、印度对非洲也有一定的影响。

（一）欧洲国家和美国对非洲宪制发展的影响

欧洲国家对非洲宪制的影响是显而易见的。殖民时期，非洲的宪制体制是完全按照欧洲殖民主义国家的模式建构的。独立以后，欧洲各国对非洲宪制体制的影响依然存在。由于脱胎于欧洲的殖民地以及语言、经济因素的影响，非洲各国的宪制发展和变革不可避免地受到了欧洲国家的影响。比如尼日利亚、肯尼亚、冈比亚、加纳等很多英语非洲国家的宪制体制在独立后深深打上了英国宪制体制的烙印，移植了英国的责任内阁制、议会制等典型制度。而喀麦隆、贝宁、阿尔及利亚、摩洛哥等很多法语非洲国家的宪制则明显地借鉴了《法国第五共和国宪法》所确立的总统共和制。

早在 1838 年利比里亚联邦建立时，就效仿《美国宪法》制订了《联邦宪法》。但是直到第二次世界大战结束，美国对非洲宪制的影响也仅限于利比里亚一国而已。随着非洲国家的纷纷独立，美国开始在非洲寻求更大的影响力，美国宪制对非洲各国的影响也在增加。比如，1979 年的《尼日利亚宪法》就被学者称为是美国宪制模式的翻版。20 世纪 90 年代以来，随着苏联、东欧剧变和两极格局的消失，美国在非洲的影响力大增。美国立宪主义对非洲各国的影响更加明显，这点在很多非洲国家的立宪过程中都得到体现。夏新华教授认为：“美国宪制主义主要在四个方面对非洲国家宪制的发展产生了重要影响，即人权观念、联邦制、总统制与政党制、司法审查制度。”[1]

---

〔1〕 夏新华：“美国宪制主义和 20 世纪非洲宪制的发展”，载《法制与社会发展》2005 年第 1 期。

当然，在20世纪90年代以来的非洲宪制改革进程中，欧洲各国和美国一样都产生了较大的影响力。如前所述，促使非洲国家进行多党民主制改革的一个重要原因就是美国和一些欧洲援助国的干涉和施压。在美国、法国等西方国家的压力下，非洲掀起了改变政治体制的高潮，大多数国家先后由一党制改为多党制。[1]

（二）苏联对非洲宪制发展的影响

非洲国家独立后，苏联对部分国家的宪制实践也有很深的影响力。自20世纪50年代末起，很多非洲国家高举社会主义旗帜，奉行社会主义实践，在宪制上改行一党制，并实行党政合一的集权统治，和苏联的影响不无关系。20世纪六七十年代，苏联对第三世界特别是非洲国家大力宣传“以社会主义为方向”“非资本主义道路”，还对准备走这条道路的国家加强党、政、工、团等各界人士的联系与往来，向这些国家提供大量的武器装备、贷款援助、专家顾问、留学及培训机会等，苏联对有些国家还派专人负责帮助建立“革命先锋党”和“革命民主”的国家体制。[2]苏联的上述措施和策略对于非洲国家独立后改行一党制，实行社会主义制度有重大的影响作用。当然，另一方面，苏联和东欧的社会主义实践如火如荼，在经济发展方面取得的成就也是诱使非洲一些国家走上社会主义道路的重要因素。

20世纪80年代下半期开始，苏联和东欧剧变，东欧国家的宪制体制发生变革，社会主义实践遭受挫折，对于非洲的社会主义国家也造成了很大的冲击。

---

〔1〕 葛佶主编:《简明非洲百科全书（撒哈拉以南）》，中国社会科学出版社2000年版，第188页。

〔2〕 葛佶主编:《简明非洲百科全书（撒哈拉以南）》，中国社会科学出版社2000年版，第188页。

第二节 非洲国家宪制发展与变革的经验与教训

自20世纪50年代末以来，非洲国家的宪制改革已经走过了六十多年的艰辛历程。非洲国家在宪制发展与改革方面取得的成绩是有目共睹的，很多经验也值得我们去总结、学习和借鉴，同时也有一些教训值得我们深省。笔者主要归纳为以下几点：

一、妥善处理部族主义和地区主义问题，维护民族团结

从非洲国家的宪制发展与改革进程来看，由于非洲社会和政治发展的特殊性与复杂性，部族政治一直是长期困扰所有非洲国家政治发展和宪制改革的重要因素，尤其是部族主义中的分离主义倾向。从历史渊源看，非洲国家宪制建设的起点是非殖民化。独立已久的非洲各国仍然受到殖民统治的影响，其政治上的反映主要表现为国家疆界和民族形成这两个方面。非洲国家的疆界是殖民者主要依据经纬线或几何图形人为划分的，根本没有考虑非洲各部族历史上自然形成的地理聚集与分布情况，因此常常造成一个国家聚集了多个部族或把一个部族分割在若干国家内的现象。跨界部族的广泛存在不仅潜伏战争的火种，而且影响和制约了一个统一民族国家的形成。在非洲的绝大部分国家，民众尤其是广大农村地区对部族的认同感超过对国家的认同感不是罕见的事情，由此，政党部族化和部族利益国家化使非洲国家政治畸形发展，有的进一步演化为冲突、动荡不断，甚至内战连连。最令人心痛的是，部族主义被一些别有用心的政治野心政客所利用，甚至演化为在卢旺达和布隆迪等国发生的惨绝人寰的“种族灭绝”大屠杀。因此妥善部族问题在非洲国家的政治改革中，显得尤为重要，回顾非洲的宪制

改革，凡是部族问题处理的好的，其改革就顺利，其宪制建设也会取得较大进展，反之亦然。地区主义问题与部族主义问题交织，更加增加了非洲国家解决民族问题的困难。尼日利亚就是这样的情况。尼日利亚独立之时所继受的宪制安排体现了殖民主义统治的政治架构，将全国分为北区、东区和西区，这种宪制架构完全罔顾尼日利亚复杂的部族主义问题，为 1966 年后军事政变和内战留下了严重隐患。为此，尼日利亚独立后一直致力于缓和民族矛盾，消除地区主义造成的不利影响。尼日利亚 1979 年《宪法》就包括了促进民族团结和反映新尼日利亚“联邦特性”的条款，以试图防止国家事务中被一个或者更多的少数族群所主导。此后，尼日利亚宪法中的联邦因素与日俱增，尼日利亚的行政区划由建国之初的 3 个区到目前的 36 个州和 1 个联邦首都区，大大降低了地区主义带来的矛盾。对于不少非洲国家而言，民族安定团结是宪制发展和经济发展的重要条件。

二、构建非洲特色的宪制文化

文化因素是一个民族、一个国家赖以凝聚、团结和统一的基础与条件。非洲宪制改革之路走得之所以艰难，除了西方国家的横加干涉，自身的不利因素外，非洲传统社会文化还缺少现代民主精神是其根源。由于非洲社会和经济结构呈现出传统与现代、城市与乡村的明显二元性，导致了在非洲广袤的农村地区传统文化还根深蒂固，对现代的宪制文化还没有完全认同。回顾自独立以来，在非洲任何有影响的本土政治学说几乎无一例外地与非洲传统文化和价值观紧密相关联。如在非洲有广泛影响的村社社会主义理论、桑戈尔倡导的“黑人传统精神”、蒙博托提出的“真实性”学说等等。因此在有浓厚传统文化的非洲国家推行任何制度，当然包括宪制，必须要培育一种与其民族文化或民族精神相适宜的现民主宪制文化。而文化的建设将是一个艰巨而漫长的历程。宪制改革虽然可以在短期内建立宪法制度、政党制度、议会制度、选举制度等表层结构的制度文化，但非洲政治文化的深层结构变化其实仍需要很长的时间。尤其是非洲传统政治文化强调一致同意原则，突出权利的神圣化和个人化，这些都是与强调公民一律平等，要求个人的追求权利和个性的发展的现代民主观念背道而驰的。因此，非洲国家要想巩固宪制改革的成果，想在多党制宪制道路上走得更远，必须考虑本国国情，结合非洲传统文化建立与之相协调的宪制文化。

三、探索非洲特色的宪制发展之道

非洲国家独立之后很快经历了痛苦的宪制衰退或者转折期。鲜血换来的教训使得非洲国家的领导人清醒地认识到：西方宪制的道路不可能在非洲走得通，西方的宪制民主道路不是万能药，要保证非洲的经济发展和繁荣富强，必须探寻适合本国的宪制发展路径。进入20世纪90年代以来，许多非洲国家宪制改革的启动大多归根于经济停滞及其带来的社会矛盾。毋庸置疑，经过近二十年的非洲民主政治建设，具有非洲特色宪制的建立也确实为其走向经济复兴创造了初步有利的政治环境。〔1〕总体而言，1995~2005年的10年间，非洲经济年均增长31.9%，全非洲人均国民收入也从1998年的697美元增至2004年的803美元。〔2〕但我们也看到，自宪制改革以来多党制民主政治制度激

---

〔1〕［美］约瑟·熊皮特：《资本主义、社会主义和民主》，吴良健译，商务印书馆1979年版。

〔2〕 World Bank, African Development Indicators 2006, Washington D1C1, September 2006, p. 1461

发了一些国家原有的部族矛盾，军事政变、内战冲突不断，导致社会动荡，经济停滞甚至倒退，人民的生活水平急剧下降。如索马里长期陷入军阀混战的无政府状态，刚果（金）也是持续的武装冲突不断，利比里亚、利比亚则是陷入了长期的内战，其经济发展就可想而知了。

进入新世纪以来，非洲国家的宪制发展表明，以限制公权、维护私权为核心功能的西方民主政体，却难以满足西方以外的当代发展中国家的社会需要。〔1〕一年以来，北非国家的宪制改革也给这个地区带来了极大的动荡，对于经济发展造成了很大的阻碍，也证明了西方的民主宪制模式不具有普适性，无法解决非洲政治发展中的种种难题。非洲国家必须继续探寻适合本国发展的宪制之道。

第三节　非洲宪制面临的问题与挑战

进入 21 世纪以来，非洲各国的宪制开始向纵深发展。这一时期，大多数国家经历了 2 次到 3 次多党民主选举，各国宪制变革的成果已经得到巩固和加强，但在实践中又出现了一些新问题。

一、总统任期制度的践踏

非洲一些国家近几年纷纷修改宪法，取消了对总统任期的限制问题，允许在任的总统连选连任。据统计，在非洲的 53 个国家中，有布基纳法索、乍得、埃及、赤道几内亚、加蓬、冈比亚、几内亚、毛里塔尼亚、塞内加尔、多哥、突尼斯和乌干

〔1〕 房宁："'第三波民主化浪潮'为何消退"，载《环球时报》2008 年 1 月 2 日。

达等12个国家在近几年通过修改宪法的方式，取消了对总统任期的限制。[1]

乌干达1995年通过的《宪法》规定，任何选举产生的总统只能连任2届。穆塞韦尼分别在1996年和2001年连续2届当选总统，他的第二个任期今年（2006年）期满。2005年8月18日，乌干达议会以222票赞成、37票反对和2票弃权三读通过对1995年《宪法》有关条款的修改，取消了对总统任期的限制，从而使穆塞韦尼有资格成为2006年3月总统选举的候选人。北非国家突尼斯在1998年10月通过修改宪法和选举法，降低总统候选人的参选年龄，扩大参选范围，规定总统任期5年，可连任2届。突尼斯总统本·阿里于1987年接替布尔吉巴担任总统，在此后的三次选举中连选连任总统。2002年5月，举行独立后首次全民公决，通过宪法修正案。取消对总统连任次数的限制，并将总统候选人的年龄上限增至75岁，为本·阿里竞选连任2004年及之后的总统职位扫除了法律障碍。中非国家乍得现任总统代比于1990年通过政变上台执政，并在1996年和2001年乍得总统大选中蝉联总统。2005年6月6日，乍得就修改1996年宪法中关于总统任期的规定举行全民公决，以65.75%比34.25%的结果决定取消了1996年《宪法》中规定的总统只能连选连任2年以及总统候选人年龄不能超过70周岁的条款。[2]这一修正案为代比在2006年5月的总统大选中成功连任总统铺平道路。[3]

这三个国家代表了非洲国家宪制发展中的一个新问题：一

---

〔1〕 在这14个国家中，只有埃及是自1980年以来一直沿用总统任期不受届数限制的规定，而大多数国家是自1997年，尤其是自2000年以来修改了宪法。

〔2〕 See Chadian Constitutional Referendum，2005，http://www.answers.com/topic/chadian-constitutional-referendum-2005，last visited 13 December，2006.

〔3〕 新华网2006年5月15日消息：http://news3.xinhuanet.com/newscenter/2006-05/15/content_4548987.htm，last visited 10 December，2006.

些非洲国家自1995年以来，已确立并逐步巩固了其宪制，借鉴西方国家的宪制经验，建立了一套行之有效的宪制体制。然而一些总统在连任两届之后却通过修宪的方式谋求第三次甚至第四次竞选总统。对于这一问题，乌干达律师、国际和平协会前主席奥拉拉·奥图努认为："穆塞韦尼的第三次连任使他成为一位终身总统"，并导致了专制。〔1〕

二、宪法的合法性危机

宪法的合法性问题使非洲部分国家宪法受到严峻的挑战。尼日利亚是其中的典型。自1999年以来，尼日利亚宪法的合法性一直受到学术界的质疑。伦敦大学国王学院法学院学者奥古维沃（Tunde I Ogowewo）指出：1999年尼日利亚宪法是由军政府制定的，没有人民的参与，因而不能代表人民的意志。这样的宪法是不合法的，他提出应当对1983年军事政变的策划者进行起诉，并宣布1999年《宪法》无效。〔2〕究其根源，导致1999年宪法的正当性与合法性危机的原因有两个：一是制定宪法的工作由军政府主持，缺乏合法性和正当性。二是宪法制定的过程过于仓促，在质量上让人起疑。1998年11月1日，军政府首脑阿布巴卡尔上校授权成立以上诉法院法官尼克·托比为首的宪法讨论协调委员会，并要求其于12月31日前提交报告。尼日利亚宪法讨论协调委员会经过了大量的调查之后提交的报告声称，"大多数尼日利亚人喜欢1979年宪法"。于是，尼日利亚军政府顺理成章地选择1979年《宪法》作为新宪法的模板，

---

〔1〕 Olara Otunnu and Sonali Kolhatkar, "Uganda's President", http://www.zmag.org/content/showarticle.cfm?ItemID=10311, last visited 13 December, 2006).

〔2〕 Tunde. I. Ogowewo, "Why the Judicial Annulment of the Constitution of 1999 is Imperative for the Survival of Nigeria's Democracy", *Journal of African Law*, 2000(2), 150~152.

并进行了适当的修改。这部宪法和尼日利亚独立后的大多数宪法一样，由军政府主持制定，且仓促制就，因而在合法性和宪法的制定质量上颇让人起疑，为此后对宪法的论争和改革留下了隐患。

尼日利亚政府对这些问题采取了积极回应的态度，在1999年和2003年成立了一些机构进行宪法的修订工作。东非国家马拉维于1994年颁布宪法，2005年提出了宪法修订的问题，并于2006年3月28日至31日召开了第一次全国宪法审查会议。此外，赞比亚、埃及等国家也在进行宪法改革或审查。这些国家的宪法审查和改革表明，部分非洲国家的宪制中仍然存在一定的问题，但这些国家开始根据本国国情，结合西方国家的宪制发展经验，寻找适合自己的宪制。

三、非洲国家宪制发展中的政变问题

自20世纪90年代非洲国家实行民主化以来，非洲国家的政局十分稳定，通过民选方式上台执政，或者由军政府统治向民选政府过渡已成为非洲政治发展的常态。而军事政变也被贴上了反民主的标签，受到包括非洲国家在内的国际社会的广泛谴责和制裁。90年代中期以来，非洲许多地区和国家在西方的帮助下成立了危机预防和反应机制，武装夺权的情况较以往大大减少，多数非洲国家的政权平稳交替。整个90年代只发生了十多起军事政变，因而国际舆论对非洲的政局普遍持乐观的态度。然而，好景不长，近年来军事政变的消息频繁从非洲国家传来。仅2003年一年，就有科摩罗、中非、利比里亚、毛里塔尼亚、圣多美和普林西比、几内亚比绍、布基纳法索、几内亚等8个国家先后发生政变或未遂政变，因而被媒体成为非洲的“政变

年”。[1]

非洲连续发生军事政变后，引起了国际社会的广泛关注。有人认为军事政变违背了20世纪90年代以来非洲民主化的趋势，对非洲国家的和平与发展造成了严重的伤害，应当予以严厉谴责和抵制。然而，从军事政变表现出的新特点看来，2003年非洲军事政变的发生原因与以往略有不同，更多地涉及民选政府执政失败、权力分配不当以及由此造成的贫困化和贫富分化等问题。[2]近几年非洲国家发生的政变与以往的军事政变相比有了很大的不同，在一定程度上代表了民意，对于遏制国家领导人在执政失败后继续危害国家发挥了一定的作用。

以上现象说明，对于非洲国家的宪制发展而言，多党民主制是一柄双刃剑：一方面，多党民主制的确立促使各国的宪制日臻完善，宪制意识得到培养和巩固，民主传统得以养成；另一方面，多党民主制的缺陷一旦为个别领导人所用，将有可能造成国家的政局不稳、经济衰退和社会动乱。非洲宪制发展的历程，尤其是20世纪90年代以来非洲国家宪制的发展表明：非洲大多数国家的宪制与民主经历了一个由不成熟到逐渐成熟的发展历程，这一过程可能存在着一定的反复或倒退，但随着时间的推移，我们坚信，非洲各国都将发展出适合自己国情的宪制，摆脱政局动荡、经济衰退的局面，最终实现政治文明、经济繁荣、生活富足的愿望。

---

〔1〕 贺文萍：“非洲军事政变：老问题引发新关注”，载《西亚非洲》2005年第3期。

〔2〕 王洪一：“解析非洲‘政变年’”，载《国际问题研究》2004年第3期。

结 语

展望非洲宪制发展的未来

一、非洲的民主宪制向前发展的趋势不容置疑

从全球范围来看，自20世纪70年代以来的第三波民主化浪潮之后，实行民主政治是全世界的普遍趋势，非洲国家也不例外。1999年2月尼日利亚完成多党总统选举，5月29日军政府向文官政府交权，从而结束了长达12年的军人统治；2002年12月27日，肯尼亚举行多党制以来的第三次大选，结果肯尼亚最大反对党“全国彩虹联盟”（the National Rainbow Coalition）取得胜利，至此结束了肯尼亚莫伊总统长达24年的统治；2002年，曾被国际社会称为“非洲最黑暗角落”的利比里亚结束了历时14年的内战，成立了过渡政府，并于2005年11月成功举行了大选，产生了新的民选政府；2012年6月24日，埃及第一位民选总统产生，埃及的宪制发展进入新的历史时期。总之，非洲国家在开明的新一代领导人、民主人士、各政党以及市民社会团体的共同努力下，其宪制改革与民主政治的发展显示出不可逆转的趋势。

二、非洲国家的多党制宪制之路继续充满坎坷

由于非洲的部族主义、宗教矛盾以及军人干政等问题的长

期存在，非洲国家走向真正的民主，还有很长的一段路要走。尤其是在宪制改革中，当民主与效率、民主与秩序等关系处理不好的时候，其改革就会出现波折。如在布隆迪、冈比亚、尼日尔等国都相应地发生了军事政变，就连宪制改革的典范科特迪瓦也在于1999年发生了军事政变。2003年，毛里塔尼亚、圣多美和普林西比也先后传来政变的消息。2005年2月，在多哥因为总统职位的“继承”问题引发“政变”和政治危机。2006年3月，索马里教派武装在与军阀联盟经过3个月的激烈交火之后，在6月初控制了首都摩加迪沙，索马里的未来政局发展走向显得扑朔迷离。此外，2011年在利比亚、埃及、科特迪瓦，社会也是动荡不安。这些都说明未来非洲宪制改革道路的充满荆棘。

三、非洲多党民主宪制的实现方式将会呈现多样化

非洲有自己的独特政治文化，而且其社会发育、商品经济发展以及市民社会状况都与西方发达国家存在很大的差异。而且西方多党宪制文化是经历了两三百年的孕育，在西方社会土壤上开出的花朵，不可能依靠简单的输入或强加在其他大陆就能获得成功。因此，经过独立以后几十年的发展历程，非洲国家领导人终于明白：西方的宪制和惯例不能简单地照搬到非洲社会之中。非洲独特的历史、政治、文化、宗教和经济与西方社会不仅相差很大，而且与西方相比颇具独特性。因此，一些国家已经开始在本土的政治制度和传统文化中寻找解决本国宪制发展问题的方法。博茨瓦纳独立后的宪制实践就是这种实践活动的成功范例。在殖民时代以后，博茨瓦纳经济增长和政治稳定的进程是建立在该国把本土的传统文化整合到政治制度中去的基础之上的。部族首领或者种族头人以及形成共识的政治

传统也被整合到国家的政治结构中[1]。

可喜的是，不少非洲国家已经通过实践总结经验，在顺应民主化潮流的同时，注重保留自身文化传统并结合各自国情，对西式民主做必要的变通或改造，逐步形成“一党主政、多党参政（如埃塞俄比亚）”“多党联合执政政（如南非）”“多党议会、一党政府（如坦桑尼亚）”等带有非洲特色的民主宪制体制。多党宪制政治“本土化”在非洲国家政治建设中逐步成形，而且新一代的非洲领导人开始形成“选种引进—因地制宜—改良育种”的意识，可以预见这将为非洲国家探索新的发展道路提供新的思维模式。

总之，民主是一个政治变革的长过程，不可能一步到位。民主的平等原则具有普适性，但民主的形式又具有多样性。未来非洲民主的发展应结合非洲的实际，从制度到内涵，从形式到内容，自主探索培育出适合非洲本土的社会文化的民主之花。

---

〔1〕［美］拉纳·怀利：“撒哈拉以南的非洲：西方的影响和本土的现实”，载［美］霍华德·威亚尔达主编：《非西方发展理论——地区模式与全球趋势》，董正华、昝涛、郑振清译，北京大学出版社 2006 年版，第 92 页。

附 录

非洲的社会科学与知识生产：克劳德·阿克的贡献[1]

摘　要：本文考察了阿克对非洲社会科学和知识生产所做的贡献及其不足之处。本文讨论了阿克的著作改写马克思主义的知识传统以理解当代非洲政治经济与社会历史的现实意义。它还强调了阿克在总体上驱逐（expatriate）知识尤其是西方社会科学知识这一定位和安排上的缺陷。如果按照他的倡议，应该遵循统一的非洲评论和解释标准来重构现有的学科体系。本研究表明阿克的著作正确干预了欧洲中心主义思想，并倡导"不分等级的"(non-hierarchical)和"跨区域"(cross-regional)的"对话"。在此对话中无论南方、北方都不能作为衡量并判定"另一个"不适当的一种范式。

关键词：知识生产、内生性、非洲社会科学、后马克思主义、后殖民主义

作者简介：耶利米·O. 阿罗窝瑟布（Jeremiah O. Arowosegbe），尼日利亚伊巴丹大学政治学系，研究领域为政治理论和政

[1] 本文发表于《西亚非洲》2011 年第 1 期，同时被《新华文章》2011 年第 8 期和中国人民大学复印报刊资料《政治学》2011 年第 3 期全文转载。

治思想、非洲政治和非洲政治思想，曾在尼日利亚科文纳特大学（Covenant University）和伊格比奈丁（Igbinedion University）讲授政治学。2008 年 1 月 ~3 月，他是荷兰莱顿大学非洲研究中心访问研究员。

克劳德·阿克（1939～1996 年）是非洲政治哲学的先驱之一，广泛耕耘在政治理论领域，并较早地对非洲民主与发展的政治经济学做出了众所周知的、独特的贡献。此外，他还是一位主要的行动标兵。通过他的作品，这个大陆的真实世界得以更好地被外人理解。因此，其作品成了一个意义重大的切入点，不仅对于我们理解当代非洲，而且对于重新思考全球化、现代性以及其他可以同全世界后殖民主义理论者分享的较大理论焦点都是如此。不断成为时事话题及其对非洲政治思想所做的重要贡献无疑使他和谢克·安塔·迪奥普（Cheikh Anta Diop）以及萨米尔·阿明（Samir Amin）一起跻身于非洲伟大的政治思想家之列。考虑到他对阐释“非洲情况”的激进理论的成功应用并成为政治行动的向导，阿克的作品尤其具有教育意义。他的贡献毫无疑问极具洞察力，这一点尽管在过去并不受欢迎，但在今天极有教育意义。因此，其作品关注的焦点注定会引起广泛的知识兴趣和关注。

本文讨论了阿克对非洲知识生产所做的贡献。本文讨论阿克的核心著作《作为帝国主义的社会科学：政治发展的理论》时，考虑到了他抵制社会科学的评论以及他的重构和创造“非洲社会科学”使之成为一个统一的、讲述非洲大陆社会现实问题的知识体系的条件的观念。阿克的一生、职业和学术生涯以及其他在不同方面、不同时期影响他思想的新情况和问题都将不在此予以讨论。当然，阿克通过对西方社会科学的批判对非洲社会科学和知识生产的贡献及其努力的限度将是本文分析的重点，目标是建立我们对阿克的贡献及其在“后殖民主义”辩论中的洞察力的认识。

本研究的原始材料来自对一组 20 名精挑细选的、关键的知情人的深度采访，其中五人是克劳德·阿克的同龄人、老朋友、同事或以前的学生。二手资料则来自阿克本人的作品，以及在他生前及死后由其同事、朋友和其他机构所为纪念他而出版的评论、批判性及赞美性文章。这些信息可以从他的个人履历中看到。这些文章不仅是关于其作品的辩论及相关问题的，也包括对其生前及身后非洲总体学术环境的讨论。本文第一部分分析了“后殖民性”概念并阐述“后殖民研究”的形成过程。第二部分讨论阿克对西方社会科学的批判及其对非洲知识生产的贡献。第三部分是阿克对非洲知识生产的“内生性”需要的倡议。第四部分是结语。

“后殖民性”的概念化

何谓“后殖民性”？与理解阿克的著作有何关系？这一概念与阿克对非洲情况的描述又有何关联？这一部分将回答以上问题并重点关注阿克的部分贡献及其在参加“后殖民性”辩论时的深邃思想。后殖民性研究过去三十年间针对一系列问题、辩论和干涉点而进行的知识战争，表现为全世界尤其是宗主国研究中心以外的大学和研究中心等机构间的三角洲工程，跨越了多个学科领域。〔1〕由于其具有地域广、发生地点多等特点，这场辩论谱系庞杂，包括了弗朗兹·法农（Frantz Fanon）在 20 世

〔1〕 如欲进一步了解有关“后殖民性”的辩论和“后殖民主义研究”的知识谱系，See Michael M. J. Fischer（1988），Florencia E. Mallon（1994），Lloyd Kramer（1997），K. S. Brown（1999），Bruce W. Holsinger（2002）and Joseph Massad（2004）.

纪50年代明确提出的“反殖民主义的理论化与种族主义的复杂心理”；阿尔贝特·梅米（Albert Memmi）在20世纪50年代的分析“北非去殖民化的戏剧”；爱德华·赛义德（Edward Said）在其1978年出版的、引发了数载关于东方在西方的代表权问题讨论的作品《东方学》（*Orientalism*）中对法农的论点“欧洲的确是第三世界的缔造者”进行的详尽阐述；地中海沿岸的众多学者如C. L. R. 詹姆斯，沃尔特·罗德尼（Walter Rodney）和威尔森·哈里斯（Wilson Harris）早期分别生活在特立尼达拉岛和圭亚那，在移民到英国后对殖民主义的历史形成的不同的观点；从格劳瑞亚·亚桑德拉（Gloria Anzaldua）到乔西·戴维·萨尔迪瓦尔（Jose David Saldivar）等拉丁裔美国理论家的作品以及以印度的拉纳吉·古哈（ranajit guha）为首的庶民研究团体[1]（Subaltern Studies Group）的贡献，其创始成员包括帕忒·察特杰（Partha Chatterjee）、苏米特·萨卡尔（Sumit Sarkar），佳亚特里·C. 斯皮瓦克（Gayatri C. Spivak）和迪皮什·查克拉巴蒂（Dipesh Chakrabarty）等人。这场辩论的兴起源于上述学者认识到欧洲史料的后启蒙运动传统导致了对南方（the South）历史的长期忽视，而且学科实践已经难以描述他们所研究时代的历史变革的复杂性。因此决定了其他学科的发展成了历史伟业的不可缺少的部分。这场辩论也是一次，尤其是由马克思主义者、结构主义者、后现代主义者和后结构主义者的作品激起的、处理启蒙思想传统与非洲、亚洲和拉丁美洲后殖民社会之间关系的知识-政治（intellectual-political）对话。因此，“后殖民性”

---

〔1〕 庶民研究团体（Subaltern Studies Group）又称南亚研究团体（South Asian Group）创始于20世纪70年代~20世纪80年代的印度史研究，它首先由澳洲籍的印度学者兰纳吉·古哈（Ranajit Guha）领衔带出一个新的史学研究方法和史观。“Subaltern”一词也有人译为“贱民”，参见罗岗:《“被压迫者”的知识如何可能——知识与知识分子问题之再思》——译者注。

是一个单一的历史观点无法垄断“后殖民地”或“后殖民主义状况”[1]的阐释的知识领域。

当一些后殖民主义理论家过去曾被某些结构主义或后结构主义理论家，如路易斯·爱尔萨瑟（Louis Althusser）、米歇尔·福柯（Michel Foucault）和雅克·德里达（Jacques Derrida）等人的文化或政治评论所影响时，阿克主要是受到马克思主义学派知识传统的影响，特别是卡尔·马克思、弗里德里希·恩格斯、弗拉基米尔·伊里奇·列宁、罗莎·卢森堡、鲁道夫·希法亭和尼古拉·伊万诺维奇·布哈林等人作品的影响。在阿克的著作中可以看出，除了其认识论和方法论规划中提及的历史主义作品外，马克思不仅在对资本主义和自由主义的批评方面，而且在历史作品的任何“后殖民主义”以及“后现代主义”计划中均有影响。正如凯利·哈里斯（Kelly Harris）所说：“不发达理论清晰地表现在马克思主义和恩格斯的哲学之中，阿克亦不例外。”“马克思的发达理论与阿克的发达观念似乎非常接近。”

当“后殖民性”概念使得继承的权力关系传统及其对现代全球文化和政治产生的不断影响日益清晰时，其解说者寻求通过完成对过去的建构来取代历史建构中的解释学方法。这种精神可以在突尼斯历史学家希沙姆·贾伊特（Hichem Djait）的著作中可以看到，他控诉欧洲帝国主义者否认非洲拥有自己的人文视角。这种精神同样可以在法农对“非洲解放斗争”的诠释中可以看到，它支持了人类平等的启蒙观念。与欧洲思想的交火反而表明这样一个事实：欧洲知识传统如果不是当今所有大学，那也是大多数社会科学领域具有支配地位。如同萨米尔·阿明在1989年看到的那样，尽管退缩到古希腊的欧洲知识传统

[1] 如欲详细考察对“后殖民性”的分析，尤其是在帝国主义、殖民主义和新殖民主义背景之下，See Aijaz Ahmed (1992) and R. Radhakrishnan (1993).

观念仅仅是新近欧洲史的一个部分，但它是一个全球思想者都置身其中的一个思想谱系。假如存在对历史的反对意见，而其相关的社会科学谱系可以确立，则历史学派的评论将因此成为“后殖民主义研究”中的永无休止的故事中的一部分。

阿克并未述及本文的核心概念——“后殖民性”。相反，在他去世前不久，其作品还被贴上“马克思主义的原创品牌”的标签，而不是“后殖民性”的标签。尽管如此，他的一些贡献与真知灼见还是同关于“后殖民性”的辩论有关。本节试图清晰地阐释这些联系。更为重要的是，通过对“后殖民性”中的前缀“后”的使用进行质疑，阿克致力于一场持续关注非洲后殖民主义理论的辩论：这与非洲“殖民主义过去”对“后殖民主义现在”所施加影响的程度有关。尽管随着时间推移在很多国家正式独立并经历了众多事件之后，新议程的出现改变了人民对社会的印象，重新解释了非洲大陆的政治事件和社会活动，但阿克认为非洲“殖民主义过去”的一些重要遗产仍然显著地影响着“后殖民主义时刻”，这绝不是含糊不清、难以理解的说法。在证明这些论断时，阿克注意到尽管资本主义下国家的统治形式已经是自主和国家的主要特征实际上得以发展的局面，但在非洲占重要地位的资本主义发展的特别形式不仅成为一块被包围的土地而且是次要的。他回顾了下述方面非洲国家的历史：①殖民主义及各区域资本主义的渗透；②资本主义给非洲大陆留下的最终的政治遗产。阿克质疑，作为殖民主义的产物，将非洲社会的形成视为“独立的国家”是否合适。这主要是因为“非洲大陆国家形成的过程深深陷入各种矛盾的泥潭之中，这又顽固地组织了超越过去的可能性。”阿克认为“有限自治”是“非洲国家的独特之处”，作为一个“后殖民政府”，非洲国家的缺乏自治性加深了其在全球资本主义的多元化体系中依赖性和边缘化地位。在此，他将注意力投到政府的角色上，他认为随着对城市经济依赖性和附属性身份的加深，政府成为世界多元化资本体系的核心。从政治方面看，阿克看到，除独立性外，殖民政府的“中央集权制”“任意性”和“绝对性”原封不动地延续到其“后殖民主义继承人”身上，并且仍然表现着它独裁性和排外性的特征，这使得人民在经济和政治决策过程中渐渐疏远。从经济方面看，阿克认为殖民主义经济的一些特征如“依赖性”“脱节”和“自相矛盾”在后殖民时期仍然明显地体现出来。

使用“后殖民主义”这一术语，阿克认为非洲国家的独立性是“空白的和有限的”，而“殖民主义过去”对“后殖民主义现在”的影响远远没有结束。他作品的这些方面在超越中立的立场上与“后殖民性”的辩论联系在一起。阿克在这方面的深刻认识提醒我们，除地域的扩张之外，非洲国家的基本的制度安排——法律和行政治理、法院体系、官僚机构、警察系统、军队和国家的各种技术部门等并未出现根本性转变。他们还着重指出了殖民政府的双重角色，不仅是作为带给殖民地现代政府雏形的媒介，也是作为其在后殖民政府中起阻碍作用的媒介。

克劳德·阿克的贡献

他探讨的主要问题是非洲人在其历史经验基础上发展和借用的知识是如何在追求民主和发展过程中为国家授权的问题。他 1979 年出版的《作为帝国主义的社会科学：关于政治发展的理论》一书，以殖民和后殖民主义世界的视角从根本上质疑了“理论的出现”可能带来的深刻的认识论变革。在对待发展中国家的西方政治科学特别是政治发展文献时，阿克与“帝国主义的最微妙、最有害的形式——科学知识伪装下的帝国主义”交战并建立其实用意义。在另一篇文章中，阿克提到：

我的论点是除马克思主义传统外，关于发展中国家的西方社会科学相当于帝国主义。在下列意义上发展中国家的西方社会科学是帝国主义的：(1) 它强加或者至少企图将资本主义的价值观念、资本主义制度和资本主义的发展强加于发展中国家；(2) 它关注的重点是发展中国家的社会科学如何更像西方社会科学的问题；以及 (3) 它宣传使人困惑的事物、为资本主义和帝国主义利益服务的思想模式和行为。

他的目的不是要重建“现代非洲的革新派”。相反，他的任务是帮助重建“非洲社会科学”作为谈及社会现实时的非洲大陆的统一的知识体系。关于政治发展理论的意识形态特征，阿克说，它在西方社会科学中的中心地位并非偶然。他将意识形态特征的出现追溯到在冷战的氛围中殖民地赢取形式上独立的时期，一种让某些人感觉将要危及殖民地权力的重要利益。在此情况下，阿克认为，西方列强的利益驱使他们需要保护他们培养的羽翼未丰的资本主义国家免受苏联的渗透。与世界各地需要维护的西方霸权相对应，因此政治发展的理论在不断改变的条件中作为维持现有世界秩序的意识形态根据而出现。阿克认为，考虑到其历史背景和党派性质、政治发展以及更广泛的问题，西方社会科学“适用于后殖民主义世界的”是“资产阶级思想”“它没有科学的地位”“它既不适用于南方也不利于理解它”。他说充其量它只是培育资本主义价值观念和制度，为巩固国际资本主义的同盟——第三世界的资产阶级的独裁统治提供合法的依据。考虑到其定位和价值假定，他认为，西方社会科学按照北方的情景研究非洲，这说明非洲大陆必须克服长期存在的差距和漏洞，最终达到民主和发展、社会发进步和经济繁荣的“乐土”。阿克声称，这种方式从“缺少”方面的非洲大陆的历史来构建非洲的历史，它减少了很多民主工作需要做的：现代化、制度化、工业化或市民社会、城市社区、社会资本的发展以及其他方法，即在政治领域寻求复制沃尔特·罗斯托的《经济增长的阶段：非共产党宣言》中提到的方法。他在1979年的著作中写道：

每一次预言都表明西方社会科学在使我们处于服从和不发达状况上一直扮演了重要的角色；它一直组织我们对自身世界的问题的了解，以提供我们有害的价值观和错误的希望，使我们制定削弱竞争力并且保证我们的长期欠发达和依赖性的政策。现在变得越来越清楚，除非我们去理解西方社会科学的帝国主义性质，并驱除它灌输的思想态度，否则我们就不能克服不发达和依赖性。

为表明自由主义带来的政治普遍性的局限性，他写了一篇关于非洲的民主与发展的问题的认识论论战的文章。在他评论“普林斯顿政治发展系列”的部分著作时，阿克主要针对自由主义的主张，即国家作为政治共同体的最合法的形式在创建积极的价值方面发挥了重要作用——如公民权和平等权——并且使其跨越文化和历史的界限得以接受和适用。据其理论，尽管现代民族国家承认国家是唯一合法和同质的社会形式，世界各地的实际政治活动却产生了各种不同的、不一定符合民族国家要求的组织形态。

需要重申的是，阿克指出殖民地的影响在了解非洲历史方面占重要地位。继瓦尔特·罗德尼之后，他把殖民主义界定为是一个当地时间、空间和自治模式观念的被拆除的有效干预和接管的实例，一个新传统被创造并提供给神圣的殖民地人民的实例。这样，通过下列论证他详述了后殖民地这个熟悉的命题的困境:(1) 异质性甚至混合性被写入后殖民地经验中；(2) 殖民主义和民族主义之间有一种历史连续性，但又有间接的和不确定性的关系。他说尽管形式上独立了，西方国家在西方社会科学和思想体系方面对非洲的盛气凌人的推动仍很明显，欧洲思想体系导致了非洲在变动的历史条件下的欠发达和依赖性。阿克的这些论证同样也加强了有关后殖民地的辩论。因此，他倡导通过内生化知识生产的完美策略使南方的社会科学去殖民化。

克劳德·阿克论非洲知识生产的内生性

阿克的另一重大贡献是他大力提倡非洲知识生产的“内生性”的需要。他提出知识生产的这种内生性是非洲大陆对西方知识领域依赖的替代物。他指出，非洲并不是通过打赢战争来控制其发展议程的。他认为这场斗争“主要”是范例意义上的，社会科学工作者在这方面可以起到核心作用。

阿克写道：

……除非我们努力争取科学和知识发展的内生性，否则我们将不能完全解放自己。应明确为什么这种发展必须是内生的，因为这不是狭隘主义或民族主义的问题。尽管科学的原则是普遍的，其增长点、适用性和它的特殊问题的解决视科学被产生的社会历史周期的情况而定。

他提倡内生性是取决于消除帝国主义教育的外向性需要的。

他警告说，如果不能做到这一点，我们就是在冒险重新进口我们正在努力推翻的霸权；这种失败，必须作为一个民族主义和专业信仰而被抵制。关于非洲社会科学家的方向性作用，阿克主张：

作为社会科学家我们研究人类和社会，试图确定它们是什么，他们如何达到现在的状态以及将要成为什么状态。因此，社会科学知识是现在的社会生活实际和发展的可能性的总和。其本质之一是，社会科学家有强烈的责任感，因为其工作以重要的方式阐释了进步的可能性。

阿克认为，这种认知失败的出路，是去发展一种学术形式，认真吸取当地知识、政治和现存环境，同时也谋求在全球范围内的名声。他坚信所有的理论、范式、思想和社会行动模式应该是一致的方式。他认为欧洲历史意识的发明仅仅是其自己的想象，还远远未达到普适的状况。

他主张基于对世界各地因不同的历史而产生的多样化知识的尊重建立一个替代性的知识生产体系。这是一个在现代世界超越知识生产的限制性环境的标准。正是在努力实现这个目标的过程中，阿克成为这一在20世纪七八十年代在非洲社会科学界的运动的核心人物。对阿克而言，经验和理论知识的普遍性仅仅是一个策略，应在一个人的文化环境和社会经验所确定的框架中将其分解成独特的文化和历史成分加以探讨和进行。换而言之，寻找模糊的“真理”或“知识”定义的普遍性要从一个人的背景、经验和历史中了解。

他的重点取决于社会科学的发展，在认识论方面植根于其文化和运用自己的权利创造规范的场所，尤其是与非洲的政策制定之间的关系。阿克 1979 年的著作揭露了西方社会科学的目的论分析的倾向性，他揭示并鼓励进一步确认西方社会科学及思想的本质和特性，而不是盲目地将其判定为“合法的”或“普遍的”。他推荐通过持久的批评，从其他认识背景中批判地继受和利用知识的“内生性”。

为说明其观点，阿克精心选择了两个例子。这些例子涉及科托努（Hountondji）在 1997 年时将“外生性”称为“合法的”的观点，以及从全球的记忆中不友善地抹掉了非洲的独特性。

第一，安东尼·吉登斯对社会学定义为“概括了现代所有问题本身有关的一种学科”“具有现代工业化社会的特征和动力”。随后又试图将该学科的出现追溯到 19 世纪法国哲学家奥古斯丁·孔德，并将卡尔·马克思、马克斯·韦伯和埃米尔·涂尔干作为其创始人。这种方法简单地否认了非洲的贡献，不仅在社会学领域，而且在其他社会科学领域。例如，伊本·赫勒敦写了他 1378 年出版的三卷本马格努斯巨著。在第一册《历史绪论》，伊本·赫勒敦列出了基于竞争性数据之间的裁决的概念框架和方法，所有这些都是社会学的自觉意识。正如赛义德·法里·阿拉塔斯等人所说，伊本·哈勒敦概述了他的人类组织和社会的新科学，但受到西方化的外向性的排斥。据阿德西纳的估计，这发生在孔德六卷本的《实证哲学教程》第一册出版之前约 452 年。在同一著作中，伊本·哈勒敦在解释集体内聚性、构成和重构的规范性基础上完整阐释了部落主义概念，它证明了不同的群体是以不同的方式在不同的生活机构层次上存在。同样按照阿德西纳的估计，这一观点比埃米尔·涂尔干 1893 年的《社会分工论》的社会规范的观点早 515 年。然而，尽管存在非洲人的这些启发性和开拓性的努力，但几乎没有任何一种非洲学生和大学见到的“现代社会学”教科书提及伊本·哈勒敦或者讨论他的作品。当然客观地讲，伊本·哈勒敦的作品的价值被否定的理由是：(1)受到过多的宗教思想的支配；(2)未集中在“现代社会学”领域。

第二，除了从全球的知识生产系统中武断地抹掉了非洲的贡献外，还跟随黑格尔的逻辑和传统否认非洲的系统知识。问题的关键是要突出内在的族裔中心和种族主义倾向，一方面创造知识与愚昧二元对立，另一方面与科学和魔法一样。这种结构中，一切科学知识的“源头”是西方的特权，愚昧和令人生疑的魔法则作为“其他东方的”象征。这些观点来自阿克 1979 年有关西方社会科学的外向性的著作。他说，正如非洲成为原材料生产基地、欧洲专注于资本商品和成品生产一样，非洲大陆的思想体系也没落到为欧洲先进知识领域提供数据等原材料的地步，因此以西方为主导的全球系统中理论被源源不断地从西方引进到非洲。

抛出“内生性”和“本体论”以反对欧洲中心论的“外向性”和“个案特征研究法”之间的矛盾，阿克引导我们将非洲学术实践替换为“外向性”和“移植”。然而作为“移植”的学术实践，包括了按照西方的学术标准的知识链接，其“重新衔接”“重新定义”和“重新系统化”，对此阿克提倡遵循非洲独特的评价和解释对现有学科领域和职业的“重构”和“重组”，通过对“内生性”和“本体论”作为根植于对了解现有知识领域和现存知识生产前沿的制度史的“基于认识论的客体”和“哲学”的了解，从矫正“要求恢复历史和改写新殖民主义观点的无理安排”的观点中得到动力。作为一个有影响力的倡议，在非洲大陆他的作品也得到了本文中提到的其他作者的响应。总的来说，阿克的这些努力对非洲大陆自海外进口的社会科学的方法论和理论普遍性提出了挑战。

结　语

阿克的目的不是通过超越20世纪60年代和70年代传统的以大学为基础的非洲马克思主义去重建“现代非洲的革新派”，虽然这在一定程度上业已实现。相反，其任务是帮助重建“非洲社会科学”作为谈及社会现实时的非洲大陆的统一的知识体系。这是他通过非洲知识生产的非殖民化获得的“社会科学家在促进社会进步中的作用”的看法。应该明确的是，阿克并未对西方社会科学的所有分科和方法提出批判，也未对欧洲形形色色的思想提出质疑。他质疑的是其帝国主义品质；强调它们在非洲应用中的意识形态的定位和价值取向，尤其是考虑到其在非洲大陆知识领域的依赖和从属的角色。

虽然欧洲思想与非洲思想存在对立关系，但它对发展非洲社会科学仍然是不可缺少的。这就是东方和西方社会科学间的关系。尽管西方社会科学在解释非洲社会科学的转变时仍有不足，非洲学者在发展他们的职业时不能没有源自西方的范例。这种依赖性是后启蒙运动思想遗留给后殖民社会的主要遗产。

因此非洲知识分子的思想不自觉地流露出自我矛盾的特征：倡导“本土知识”的特殊性、“当地文化”和“民族文化”与西方的冲突，同时又希望实现欧洲文化中后启蒙思想的理性主义所界定的“现代性”。因此，民族主义者歌颂民族文化的辉煌，同时又为“民族”的“堕落”深感痛苦。民族主义思想采用的自明之理和知识结构与殖民统治者的毫无区别。因此非洲知识分子的思想不知不觉地接受并采用了相同的、基于“东方”和“西方”之间差别的本质主义概念，采用了卓越的研究主体创建的同样的类型学以及欧洲后思想启蒙运动时期构建的知识程序的具体化。在远未独立之时，非洲知识分子的思想和知识生产就需要有一个可以借鉴的、有限的和主导性的框架。这一困境是“东方”历史的产物，也是它的命运。

除了情感和理想化的传记外，这篇文章证明阿克是一个公认的、富有远见卓识的非洲学者，在重大问题上有坚定的立场。由于他的勇气、决心和正直，阿克值得我们发自内心的褒扬。

参考文献

一、外文类

[1] Ben Nwabueze, "Constitutional Democracy in Africa", *Spectrum Books Limited*, Vol. 5, 2004.

[2] Olav Stokke, "Aid and Political Conditionality", *EADI Book Series* 16, Frank CASS London, 1995.

[3] David W. Throup, *Charles Hornsby*, Multi—party Politicasin Kenya, Oxford, 1998.

[4] Prof Yolanda Sadie, "Second Eections in Arica: An Overview", *in Politeia A Journal of University of South Africa*, Vol. 20, No. 2001.

[5] Filip Reyntjens, "Constitution-Making in Situations of Extreme Crisis, The Case of Rwanda and Burundi", *Journal of African Law*, Vol. 40, No. 2, Liber Amicorum for Professor James S. Read (1996).

[6] South Africa Electoral Act 73 of 1998.

[7] Robert H. Bates, *The Economic Bases of Democratization in Richard Joseph Sate Conflict and Democracy in Africa*, Lynne Rienner Publishers, Inc. 1999.

[8] William Tordoff, *Government and Politica in Africa* (Second Edition), The Macmillan Press Ltd, 1993.

[9] Frans Viljoen, "Application of the African Charter on Human and Peoples' Right by Domestic Court in Africa", *Joural of African Law*, Vol. 43, No. 1 (1999).

[10] World Bank, *African Development Indicators* 2006, Washington D. C. September, 2006.

[11] J. F. Bayart, "Civil Society in Africa", in Patrick Chabal (ed.), *Political Dom Inationin Africa: Reflection on the Lim its of Power*, Cambridge University Press, 1986.

[12] N. Chazan, "The New Politics of Participation in Trop Ical Africa", *Comparative Politics*, 1982, Vol. 14.

[13] R. Lemarchand Governance, "Culture Change, and Empowerment, How Illusion Become Reality", *Journal of Modern Africas Tudies*, 1992, Vol. 130.

[14] "The African Court on Human and Peoples' Rights Presentation Analysis and Commentary", The Protocol to the African Charter on Human and Peoples' Rights establishing the Court, http://www. 1ap t1ch /Africa1.

[15] Charles M. Fombad, "Some Perspectives on the Prospects for Judicial Independence in Post", 1990, *African Constitutions*, Pub. L., 2007.

[16] France Viljone, "Application of the African Charter on Human and People' Rights by Domestic Courts in Africa", *Journal of African Law*, 1999 (1).

[17] Seymour Martin Lip, "Some Social Requisites of Democracy, Economic Development and Political Legitimacy", *The American Political Science Review*, 53(1), March 1959.

[18] A. Chayes & A. H. Chayes, *The New Sovereignty*, *Compliance With International Regulatory Agreements*, Cambridge Mass, 1995.

[19] John Hatchard, "Some Lessons on Constitution-Making from Zimbabwe", *Journal of African Law*, 45, 2001(2).

[20] John Hatchard, "The Constitution of the Repubic of South Africa", *Journal of African Law*, Vol. 38, No. 1, 1994.

[21] K. S. A. Ebeku, "The Separation of Power in Local Government in Nigeria", *Joural of African Law*, Vol. 36, No. 1(spring, 1992).

[22] *The People's Choice–The Report of the Constitution of Kenya Review Commission*, 18 September, 2002.

[23] Harrison George Mwakyembe, *Tanzania's Eighth Constitutional Amendment*

and its Implications on Constitutionalism, Democracy and the Union Question, University of Virginia, Munster: LIT, 1995.

[24] Kalu Ezera, *Constitutional Developments in Nigeria: An Analytical Study of Nigeria's Constitution-Making Developments and the Historical and Political Factors that Affected Constitutional Change*, Cambridge University Press, 1960.

[25] Konx-Mawer, "The R. Jury System in British Colonial Africa", *Journal of African Law*, Volume 2, 1958.

[26] Gifford & Louis, *Britain and Germany in Africa: Imperial Rivalry and Colonial Rule*, Yale University Press, 1967.

[27] Marygery Percham, *Native Administration in Nigeria*, London : Oxford University Press, 1937.

[28] Siri Gloppen, *South Africa: The Battle over the Constitution Law*, Ashgate Dartmouth Press, 1997.

[29] Frederick J. D. Lugard, *The Dual Mandate in British Tropical Africa*, W. Blackwood Press , 1929.

[30] Sarai Abram, *The Democratic Socialism and Nationalism of Western Africa from 1900 to 1945: The Ideology and Social Class Research*, Oxford University Publications Printing Office, 1972.

[31] R. L. Buel, *The Native Problem in Africa*, Vol. 1, The Macmillan Company Press , 1928.

[32] John Dugard, *Human Rights and the South African Legal Order*, Press Princeton University, 1978.

[33] James S. Coleman, *Nigeria: Background To Nationalism*, Berkeley and Los Angeles, 1958.

[34] Lord Hailey, *An African Society* , Revised 1956, Oxford University Press, 1957.

[35] Marygery Percham, *Native Administration in Nigeria*, London, Oxford University Press, 1937.

[36] C. W. Newbury, *British Policy Towards West Africa*, Clarendon Press, 1971.

[37] L. M. Thompson, "Constitutionalism in the South Africa 'Republics'",

Butter Worth's South a African Law Review, 1954.

[38] J. S. Road, "Constitutions on the Move: Constitutional and Political Developments in 1958", *Journal of African Law*, Volume 3, 1959.

[39] D. K. Fieldhouse, *Conlonialism 1870~1945: An Introduction*, Palgrave Macmillan Press, 1983.

二、中文著作、译作类

[1] 洪永红等:《非洲法导论》，湖南人民出版社 2000 年版。

[2] 国民大会宪制研讨委员会:《世界各国宪法大全》，中国大典编印会 1966 年版。

[3] 上海社会科学院法学研究所:《各国宪政制度和民商法要览（非洲分册）》，法律出版社 1986 年版。

[4] [加纳] A. 阿杜・博亨:《非洲通史》（第 7 卷），《非洲通史》国际科学委员会译，中国对外翻译出版公司 1991 年版。

[5] [德] K. 茨威格特、H. 克茨:《比较法总论》，潘汉典等译，法律出版社 2003 年版。

[6] [塞内加尔] D. T. 尼昂:《非洲通史》（第 4 卷），《非洲通史》国际科学委员会译，中国对外翻译出版公司 1992 年版。

[7] [英] J. D. 斐奇:《西非简史》，于珺译，上海人民出版社 1977 年版。

[8] [英] N. 廷德尔:《中非史》，陆彤之译，上海人民出版社 1976 年版。

[9] [匈] 西克・安德烈:《黑非洲史》（第 4 卷上），吴中译，上海译文出版社 1980 年版。

[10] [英] 巴兹尔・戴维逊:《现代非洲史》，舒展、李力清译，中国社会科学出版社 1989 年版。

[11] [匈] 西克・安德烈:《黑非洲史》（第 3 卷上），杭州大学外语系译，上海译文出版社 1979 年版。

[12] [法] R. 科纳万:《达荷美史》，上海师范大学《达荷美史》翻译组译，上海人民出版社 1976 年版。

[13] [美] 布赖恩・迪安・柯伦、乔安・施罗克:《毛里塔尼亚》，兰州大学地理系外国地理翻译组译，甘肃人民出版社 1976 年版。

[14] [美] 维克托·勒维纳：《喀麦隆联合共和国》，上海外国语学院英语翻译组译，上海人民出版社 1975 年版。

[15] [法] 埃德蒙·塞雷·德里维埃：《尼日尔史》，上海师范大学《尼日尔史》翻译组译，上海人民出版社 1977 年版。

[16] 陆庭恩、彭坤元：《非洲通史现代卷》，华东师范大学出版社 1995 年版。

[17] 洪永红、夏新华：《非洲法导论》，湖南人民出版社 2000 年版。

[18] 夏新华：《非洲法律文化专论》，中国社会科学出版社 2008 年版。

[19] 何勤华、洪永红：《非洲法律发达史》，法律出版社 2006 年版。

[20] 杨立华："南非第二次民主大选：新制度走向成熟"，载赵国忠主编：《1999~2000 年中东非洲发展报告》，社会科学院文献出版社 2000 年版。

[21] 贺文萍：《非洲国家民主化进程研究》，时事出版社 2005 年版。

[22] 何勤华、张海斌：《西方宪法史》，北京大学出版社 2006 年版。

[23] 白钢、林广华：《宪政通论》，社会科学文献出版社 2005 年版。

[24] 钟群：《比较宪政史研究》，贵州人民出版社 2003 年版。

[25] 张光博：《宪法论》，吉林人民出版社 1984 年版。

[26] 李步云：《宪法比较研究》，法律出版社 1998 年版。

[27] 艾周昌：《非洲黑人文明》，中国社会科学出版社 1999 年版。

[28] 陆庭恩、宁骚、赵淑慧：《非洲的过去和现在》，北京师范大学出版社 1989 年版。

[29] 夏吉生、杨鲁平：《非洲两国议会》，中国财政经济出版社 2005 年版。

[30] 毕健康：《埃及现代化与政治稳定》，社会科学文献出版社 2005 年版。

[31] 吴秉真、高晋元：《非洲民族独立简史》，世界知识出版社 1993 年版。

[32] 陆庭恩、刘静：《非洲民族主义政党和政党制度》，华东师范大学出版社 1997 年版。

[33] 张象、贾锡萍、刑富华：《列国志：塞内加尔》，社会科学文献出版社 2007 年版。

[35] 钱乘旦：《世界现代化进程》，南京大学出版社 1997 年版。

[36] 艾周昌：《南非现代化研究》，华东师范大学出版社 2000 年版。

[37] 畅征、陈峰:《第三世界的变革》，中国人民大学出版社 1997 年版。

[38] 陈公元:《非洲风云人物》，世界知识出版社 1989 年版。

[39] [英] 威廉·托多夫:《非洲政府与政治》，肖宏宇译，北京大学出版社 2007 年版。

[40] 李安山:《非洲民族主义研究》，中国国际广播出版社 2004 年版。

[41] 李保平:《非洲传统文化与现代化》，北京大学出版社 1997 年版。

[42] 陆庭恩、刘静:《非洲民族主义政党和政党制度》，华东师范大学出版社 1997 年版。

[43] [美] 约瑟·熊彼特:《资本主义、社会主义和民主》（中译本），吴良健译，商务印书馆 1979 年版。

[44] 徐济明、谈世中主编:《当代非洲政治变革》，经济科学出版社 1998 年版。

[45] 张宏明:《多维视野中的非洲政治发展》，社会科学文献出版社 2007 年版。

[46] 夏吉生:《当代各国政治体制——南非》,兰州大学出版社 1998 年版。

[47] 李继东:《现代化的延误——对独立后:“非洲病”的初步分析》，中国经济出版社 1997 年版。

[48] [美] 霍华德·威亚尔达主编:《非西方发展理论——地区模式与全球趋势》，董正华、昝涛、郑振清译，北京大学出版社 2006 年版。

[49] [美] 罗特伯格·罗伯特:《热带非洲政治史》，上海电影译制厂翻译组译，上海人民出版社 1977 年版。

[50] [美] 斯科特·戈登:《控制国家——从古代雅典到今天的宪政史》，应奇等译，江苏人民出版社 2005 年版。

[51] 葛佶主编:《简明非洲百科全书（撒哈拉以南）》，中国社会科学出版社 2000 年版。

三、期刊论文、学位论文类

[1] 朱重贵:“非洲政治变革的特点和面临的问题”，载《西亚非洲》1992 年第 5 期。

[2] 陆庭恩:“非洲国家的殖民主义历史遗留”，载《国际政治研究》2002

年第 1 期。
[3] 陆庭恩："非洲国家政局稳定与经济发展问题"，载《亚非纵横》2004 年第 4 期。
[4] 杜继锋："非洲国家政体初探"，载《西亚非洲》1995 年第 1 期。
[5] 朱重贵："非洲政治变革：由一党制改行多党制"，载《西亚非洲》1995 年第 1 期。
[6] 贺文萍："非洲军事政变：老问题引发新关注"，载《西亚非洲》2005 年第 3 期。
[7] 萧复荣："非洲多党民主运动的历史教训"，载《西亚非洲》1995 年第 1 期。
[8] 曾强："非洲民主化发展历程"，载《环球视野》2009 年第 9 期。
[9] 陈尧："非洲民主化进程中的公民社会"，载《西亚非洲》2009 年第 7 期。
[10] 高晋元："非洲的多党制潮流初析"，载《西亚非洲》1990 年第 5 期。
[11] 潘蓓英："非洲民主化要走自己的道路"，载《西亚非洲》1995 年第 1 期。
[12] 林修波："尼日利亚政治改革的回顾及展望"，载《西亚非洲》1992 年第 5 期。
[13] 高晋元："肯尼亚多党制和三次大选初析"，载《西亚非洲》2004 年第 2 期。
[14] 贺文萍："利比里亚大选：'大脑' 战胜 '肌肉'"，载《新京报》2005 年 11 月 13 日。
[15] 高晋元："肯尼亚多党政治能走多远"，载《西亚非洲》2000 年第 1 期。
[16] 贺文萍："非洲政坛 '军转民'"，载《世界知识》1997 年第 12 期。
[17] 李起陵："尼日利亚还政于民向第三共和国过渡"，载《西亚非洲》1999 年第 3 期。
[18] 刘海方："从市民社会概念考察非洲民主化进程"，载《西亚非洲》2001 年第 4 期。
[19] 李安山："非洲民主化研究概述"，载《国际政治研究》2000 年第

3 期。
［20］梁益坚："试析非洲国家相互审查机制"，载《西亚非洲》2006 年第 1 期。
［21］贺文萍："非洲民主化制约因素透视"，载《西亚非洲》2005 年第 2 期。
［22］夏吉生："非洲人权事业的新进展"，载《西亚非洲》2005 年第 5 期。
［23］洪永红、周严："非洲人权与民族权法院评述"，载《西亚非洲》2007 年第 1 期。
［24］张怀印："非洲宪政发展：内涵、特征及问题"，载《西亚非洲》2008 年第 5 期。
［25］夏新华、何志辉："口头法与非洲传统法律文化"，载《湘潭大学学报：社会科学版》2006 年第 3 期。
［26］贺文萍："近年来非洲政治发展的成就与问题"，载《西亚非洲》2006 年第 5 期。
［27］王泰、焦玉奎："宪政民主下的埃及大选及其影响"，载《西亚非洲》2006 年第 4 期。
［28］杨立华："考验宪政体制的南非第四次民主选举"，载《西亚非洲》2009 年第 8 期。
［29］张怀印："肯尼亚宪政改革述评"，载《西亚非洲》2007 年第 6 期。
［30］贺文萍："论非洲民主化"，载《西亚非洲》2002 年第 6 期。
［31］夏新华、张怀印："尼日利亚宪政发展初探"，载《湖南科技大学学报：社会科学版》2004 年第 6 期。
［32］贺文萍："民主与非洲政治发展"，载《西亚非洲》2004 年第 1 期。

后　记

提起遥远的非洲大陆，很多人不免会联想起这样一个词汇：落后。同欧洲国家、美国、日本、韩国等诸多发达国家相比，非洲很多国家的确无论在经济发展上还是在政治体制上都相差太大，很不发达。然而，不发达是否就意味着没有宪制呢？答案显然是否定的。同中国相比，非洲国家与欧洲有着更近的地缘关系，因而也更早地成了欧洲国家的殖民地。在经济上，非洲地区的经济类型和发展长期受到原宗主国的控制。在政治上，非洲地区的宪制体制在殖民时期就操纵在欧洲殖民主义者手中，独立后也一直很难摆脱原宗主国的影响。同时，受非洲地区本身错综复杂的部族利益之争、地区发展的不平衡和宗教信仰之间的矛盾等诸多错综复杂的因素之影响，非洲国家在独立后长期动荡不安，走上了一条颇为曲折的宪制发展与改革之路。

与非洲国家相比，我国也曾有着非常相似的遭遇。中国在19世纪中期开始成为欧洲列强的半殖民地，从此不可避免地卷入了法律西化和移植的历史漩涡之中。自鸦片战争以降，尤其是五四运动以来，随着西方新文化、新思想的传入，中国传统文化受到了很大的冲击，中国传统统治体制也在一步步解体。同样地，中国的传统法律制度也受到了破坏，代之以西方“先进”法律制度的引入。在这漫长而曲折的法律移植与探索过程中，中国在宪制的移植进程中既有经验也有教训。中国同非洲国家虽然天各一方，相距甚远，但在宪制发展与改革的经历上却不无相似之处。因此，认真梳理非洲国家百余年的宪制发展脉络，深入分析其发展中的经验和教训，探讨其发展进程及当前宪制改革中存在的一些问题，并展望非洲宪制发展的未来，成了本书的中心任务。

近年来，非洲宪制的研究日益成为学界关注的焦点之一，这一领域也日益涌现出诸多成果。本书是作者主持的国家社科基金课题《非洲宪制的历史与变革》（项目编号 08CFX008）的结项成果。课题的获得与完成不仅凝聚了本人数年的心血，还得到了我的博士生导师叶秋华教授、硕士生导师夏新华教授的悉心指导与支持。没有两位导师的帮助与鞭策，本成果的出现或许会延迟很多。在本书的写作过程中，湘潭大学法学院的洪永红教授、朱伟东教授，哲学与历史文化学院的贺鉴教授均给予了诸多的帮助，本人深表感谢。他们在非洲法领域的辛勤耕耘让国内非洲法研究结出了累累硕果。同时，还要感谢中国社会科学院西亚非洲研究所的王林聪研究员和詹世明老师。王老师在 2008 年牛津大学访学时起就对本课题的研究提供了诸多宝贵的建议和指导，让本书的思路更为开阔而完善；詹世明老师不仅无私地提供了诸多资料，还对本书中的诸多文章提出了诸多修改意见。此外，法律史专业都娟、胥胜超等同学在本书写作过程中协助整理翻译资料，并完成部分初稿，在此一并致谢。当然，文责自负，本书中诸多的不足由本人承担。

令人惭愧的是，由于个人兴趣的转移和工作调动，本人未能一直坚守在研究多年的非洲宪制领域。因此，本书的研究到 2013 年结题时就已截止。近年来北非剧变等诸多热点问题，本书均未涉及。虽然近几年来，本人总觉得本书有着不少的不足，一再想要完善，但屡屡觉得有心无力，毕竟目前的工作和研究与非洲宪制领域相去甚远，已经无法再重新延续当年非洲法研究的激情。本书的研究力图在非洲宪制的研究方面搭建一个宏观的框架，但并未在国别宪法、部门宪法等领域进行深入的开拓。非洲宪制还有诸多的空白地带有待学者们的进一步研究。本书期望能够抛砖引玉，为以后非洲宪制的研究提供一些有益的启示。

张怀印

2017 年 11 月 28 日于康科德绿苑